少年探索发现系
EXPLORATION READING FOR

你不可不知的

世界之谜

总策划/邢涛 主编/龚勋

汕頭大學出版社

前言

令人惊叹的世界之谜……

FOREWORD

世界之大，无奇不有，许多神秘的现象和悬疑的事件不时出现在人们的生活中。它们不断露出朦胧的脸庞，向人类的智慧和耐力发出新的挑战。UFO是否真的存在？冰期是怎样形成的？老鼠为何要“杀子”？盲人为什么会复明？亚历山大大帝是否因病而亡？……这些未解的谜题如同一部尚无结局的鸿篇巨著，等待着我们用大胆的设想和严谨的态度去续写更多的精彩。

为了满足孩子们的好奇心和求知欲，我们精心编写了这本《你不可不知的世界之谜》。本书涵盖了太空、自然、生物、人类、历史等领域，选取读者感兴趣的知识点，并采用图文并茂的新

颖体例，将读者带入到一个个神秘莫测的谜团之中，引领着他们去体会大千世界的无穷魅力。此外，在每个谜题前，我们还设置了两个有趣的问题作为阅读提示。而“探索与发现”这个栏目的设置，为本书增添了不少趣味性和可读性，有助于拓宽读者的知识面。

好奇心孕育着广阔的未来，想象力铺就了进步的阶梯。我们衷心希望读者朋友们通过本书的阅读，能对丰富而神秘的世界多一些了解和认知，进而滋生出对探索和研究世界谜题的强烈兴趣，同时对人类未来的发展充满期许。

CONTENTS

目录

第一章 太空魅影

第二章 自然探索

第三章

生物秘闻

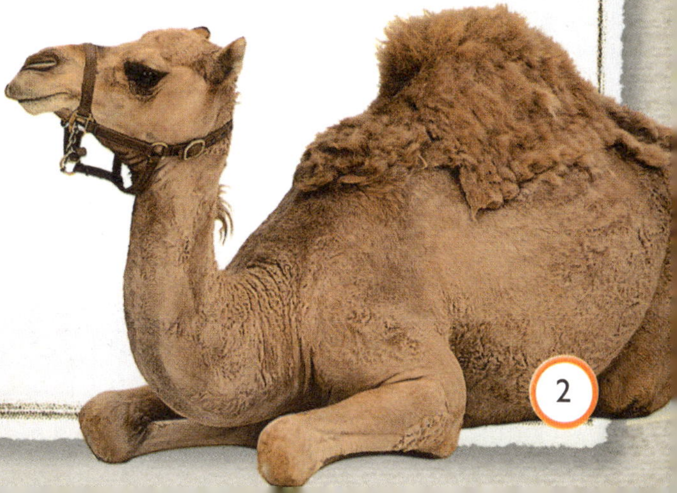

第四章

人类谜团

第五章
历史悬案

第六章

科技之谜

[第一章]

太空魅影

浩瀚的宇宙充满神秘，总带给人无限的遐想。曾几何时，人类已经不满足于对地球的研究，开始把探索的目光投向了地外星系，将探索地外智慧生命、揭开UFO之谜设为新的目标。外星人究竟有多少种？外星人是否隐居地球？UFO真的存在吗？神秘地图出自谁手？……为了弄清楚这些问题的答案，人类孜孜不倦地进行着研究。翻开这一章，你将亲临一桩桩诡异事件的现场，了解外太空的神秘现象，并借此遥想外太空的境况。

探索地外智慧生命

除了地球之外，其他星球上还有生命存在吗？
宇宙中是不是真的有外星人？

在地球之外的茫茫宇宙中，究竟有没有生命？究竟有没有类似地球人甚至更高级的外星人存在？对于这些未解之谜，科学家们众说纷纭，令人莫衷一是。

人类设想的外星人形象

有的科学家认为，既然我们人类居住的地球只是一颗普通的行星，那么有智慧的生命就应该广泛地存在于宇宙中。而且，人类对火星、金星、木星等星球的探索工作才刚刚开始，现在就断言宇宙中没有别的生命存在，似乎还为时过早。

这些科学家还说，有些人妄断地球的环境是完美无缺的，诸如只有一个大气压，温度、湿度正常……其实，这些标准是地球人自定的。我们不应该用地球上生命形成与存在的传统理论来衡量外星球，而忽略了它们之间在地理条件和自然环境上的不同。事实上，不同星球上的生物，都会以该星球的地理环境与自然条件作为其

探索与发现
DISCOVERY & EXPLORATION

生命存在的基本条件

科学家们认为，生命存在需要4个基本条件，即适度的光和热、液态的水、大气和必要的组成物质。而且，这4个条件必须要维持很长时间，以使生命有一个产生、发展、进化的过程。

生存因素。为了证明这一理论的正确性，科学家们开展了各式各样的实验。他们在实验室里模拟出了木星上的环境，并在这样的环境条件下成功地培养出了细菌与螨类，从而证明生命并不是地球的“专利品”。而且，只要有生命的形式存在，就完全有可能进化出智慧生命。

但反对者却说，细菌与螨类只是低级的生命形态，尽管生命可能存在于宇宙中，但单细胞有机体转化成人的进化过程需要特定环境，而这一环境在宇宙中很难出现。因此，在地球以外还存在智慧生命的可能性非常小。

今天，有关外星人的传闻日益增多，但却没有任何证据能够证明他们是否存在。除了我们地球人，宇宙中究竟还有没有智慧生命？这个问题已经成为了当代科学界的第一大未解之谜。

外星人究竟有多少种

外星人是不是只有86种？
哪种外星人长得和我们地球人相似？

想象中，有的外星人看上去像个小精灵

外星人有多少种呢？20世纪80年代，秘鲁星际关系研究所所长帕斯提出，迄今为止人类已经发现了86种外星人。这些外星人矮的只有两厘米，高的则达到了10米。其中有85％能够呼吸地球上的空气，20％戴着面具，5％穿着潜水服。另外，还有少数外星人没有鼻子，他们是用皮肤进行呼吸的。

随着现代科技的迅猛发展，越来越多的科学家认识到，外星人的种类无穷无尽，只能对他们概括地加以分类。目前，外星人被大致分为人类型外星人、外星智能生物和实验用外星生物三大类。

人类型外星人是外星球上真正的主人，他们的行动非常文明、理智、谨慎。在一般情况下，他们不会轻易来到地面。人类型外星人的外表与地球人相近，只是在身材大小、思维功能上与地球人有差异。通

想象中的形态各异的外星人

常，人类型外星人都是驱使外星智能生物或借助于仪器、机器人等来为他们执行任务。

外星智能生物可以分为两种：一种是矮小型类人智能生物，另一种是巨人型类人智能生物。前者通常身材矮小，头部和眼睛很大，其他器官不发达，但思维却非常敏捷。巨人型类人智能生物的身躯比较高大，有的甚至高达10米。而且，他们只是在执行特殊任务时才会出现，平时不容易被我们看到。

艺术作品中的超人克拉克

在一些目击事件中，人们常声称自己看到了实验用外星生物。根据描述可知，这些生物有的有毛皮、爪子、尾巴或鳞状皮肤，有的还有尖尖的耳朵，眼睛长在头顶，看上去非常奇特。而且，它们有的周身散发出难闻的气味，有的则能够飞行。据推测，这类生物可能属于外星球上的一种族类，不是纯粹的外星人，它们可能是被用来做实验的。

其实，关于外星人的种类，以上种种观点都只是人们的猜测。到目前为止，关于外星人究竟有多少种，还没有一个准确的答案。

人类想象中的外星人形象

与探索发现

DISCOVERY & EXPLORATION

人类设计的外星人——超人

超人是人类设计的外星人之一，他名叫克拉克，来自氪星球，具有超能力。50多年来，以“超人”为主题的动画片、电影和电视剧层出不穷，这些已经成为了一个时代的标志。

外星人是否隐居地球

真的有外星人住在地球上吗？
外星人为什么会选择地球作为他们的居住地？

据说，1987年4月，瑞典科学家希莱·温斯罗夫等人在扎伊尔东部的原始森林里进行考察时，意外地发现了一个外星人居住的村落。这些外星人还带领他们参观了当年来地球时乘坐的飞船。这个飞船是银色的，呈半圆形，现在已经锈迹斑斑了。

温斯罗夫介绍说，这些外星人的皮肤是黑色的，白色的眼睛里没有瞳孔。他们会使用地道的瑞典语和英语。因此，温斯罗夫在同外星人的交谈中了解到，他们是为了躲避火星上流行的瘟疫，于176年前乘飞船来地球避难的。当年来地球的共有25人，经过繁衍生息，他们的后代已经有50多人了。科学家们还发现，这些外星人直到现在还掌握着大量的宇航知识，只不过他们已经无法返回火星了。

这些洞穴与外星人有关吗？

探索与发现 DISCOVERY & EXPLORATION

天狼星上的来客

居住在非洲南部的多贡人非常熟悉天狼星。他们宣称，有关天狼星的知识是加拉曼特人告诉他们的。但是，研究者们找不到任何有关加拉曼特人的信息，所以他们推测，这些加拉曼特人可能是来自天狼星的外星人。

无独有偶，据说，1988年9月，在巴西境内亚马孙河流域的原始森林里，德国人类学家威廉·谢尔盖也发现了这样一个外星人部落。当他走到部落的祭坛前时，被这个部落崇拜、祭祀的“天空之神”的形象惊呆了，因为“天空之神”看上去竟跟火星上的人面石一模一样。谢尔盖详细询问它的由来，部落长老却没有做出详细解释，只是不断地说着“红色行星”这样一个词语。谢尔盖明白，“红色行星”指的就是火星。后来，围上来的村民们插话说，那个“天空之神”是天外使者带来的。对原始森林里的神秘部落，巴西政府一直保持沉默。但是，一位高级官员却以私人身份透露了这样一个消息：亚马孙河流域确实存在着与不明飞行物接触过的神秘部落。

难道真的有外星人隐居于地球？他们是出于什么原因，又是怎样来到地球的呢？这些谜团到现在也没有解开。

神秘村落里的人是否真的来自火星，现在还无人知晓

UFO真的存在吗

到底有没有UFO？
人们在天空中看到的异常现象都是UFO吗？

“UFO”俗称“飞碟”，是迄今为止人类尚未解开的诸多谜团之一。两千多年来，这个怪影一直在天空中徘徊。中国宋代的著名科学家沈括，在《梦溪笔谈》中曾非常生动地描述过它。古代西方曾称呼它为“众神之车”。直到1947年，美国人才称它为“飞碟”。后来，人们又发现它具有多种多样的形态，不仅仅只是一个“碟子”的形状，于是便称呼它为“不明飞行物”（Unidentified Flying Objects），缩写为UFO。

那么，UFO真的存在吗？相当一部分科学界人士对此持否定态度。在美国空军调查了17年后发表的《蓝皮书调查计划（1952～1969年）》中就有着准确的记录。参加这个计划的委员会共拥有37名专家，他们花了两年时间，对12618件目击案例进行了严格的科学鉴别，又从中选取91起作为重点研究对象，最后他们得出了这样的结论：在目击案例中大约有80%左右的现象属于流星、人造卫星、云朵、幻影，或是海市蜃楼、鸟群等自然现象。除此之外，剩下20%的UFO目击案例因为缺乏有力证据，无法做出确切解释。

UFO就是“不明飞行物”的英文缩写

但是，也有不少科学家认为UFO真的存在。他们提出，太阳系只是一个普通星系，银河系中适合生命存在的行星大约有1000亿颗，其中有高级生命居住的不下于百万颗，其文明的进化程度也许远远超过了人类。

探索与发现
DISCOVERY & EXPLORATION

UFO的特征

通过大量研究，科学家们发现UFO具备很多异常特征，比如几何外形与尺寸特异、高超音速、反重力飘浮、反应灵敏、隐形、发光、自由出入海空、水下高速深潜、放射性现象等。

另外，美国芝加哥大学的教授圣托斯博士用电脑分析了从1947年到1977年间5万多起UFO目击报告后指出，UFO“访问”地球的活动周期为61个月。除此之外，连美国前总统卡特和里根都认为UFO是存在的。

现在，通过大量的资料研究，人们对UFO已经有了一定的认识。但是，关于它是否真的存在，目前仍是众说纷纭。要想解开这个谜团，还需要人类的继续探索。

UFO可能具有多种多样的形态

UFO形状之谜

UFO是像足球、雪茄、面包圈、茶杯，还是像陀螺？
UFO有哪些形状呢？

很多人都声称自己见到过UFO。据统计，美国有关部门每天大约要收到200多份关于UFO的报告，可是每份报告的内容都不尽相同，比如关于UFO的形状至少就有20多种说法。

根据那些自称看见过UFO的人说，它像两个倒扣在一起的盘子，圆鼓鼓的。还有人说UFO是三角形的，棱角分明。在人们眼中，有的UFO像足球，有的像雪茄，有的像面包圈，有的像茶杯，还有的像陀螺。更为奇特的是，UFO还有香肠形、草帽形的，有的还酷似我们人类制造的飞机。由此可以看出，UFO的形状似乎并不固定。

另一方面，专家们根据多年研究，将UFO的形状分为十多种，比如火流星状、光斑状、亮星群状、飞棒状、飞棍状、螺旋状、扇状、光团状、球形闪电状、空中怪车状、飞碟状、纺锤状等，其中螺旋状、扇状、光团状UFO可能较为常见。

然而，关于UFO存在与否，目前尚未确定，所以关于它的形状自然也就众说纷纭。这个问题到现在还是一个谜，没有准确的答案。

光斑状是UFO的形状之一

UFO究竟有多少种

如果以大小为标准，UFO有多少种？
哪种UFO据说常常绑架人类？

研究者们以大小为标准，将UFO分为四类：

第一类：超小型无人探测机。它的直径为30厘米左右，通常为球形或圆盘形。

第二类：小型侦探机。它的直径在1～5米左右，曾有人目击到有如此大小的UFO着陆，并从中走出外星人，然后进行各项调查。

第三类：标准型联络船。它的直径在7～10米以上，以圆盘形较多，是最为常见的UFO，可能被用做与外太空进行联络。地球人被外星人绑架的事件，几乎都是此类UFO的“杰作”。

UFO的种类多得数不胜数

第四类：大型母船。它的直径有上百米，以圆筒形及圆盘形居多，目击者大都是在高空看到它。有许多目击者指出，在大型母船中，经常会有小型或标准型的UFO飞进飞出。

如果以外形为标准，UFO就可以被分为碟子形、圆圈形、雪茄形、茶杯形、陀螺形等，种类非常之多。但是，UFO究竟有多少种，现在还没有一个准确的说法。

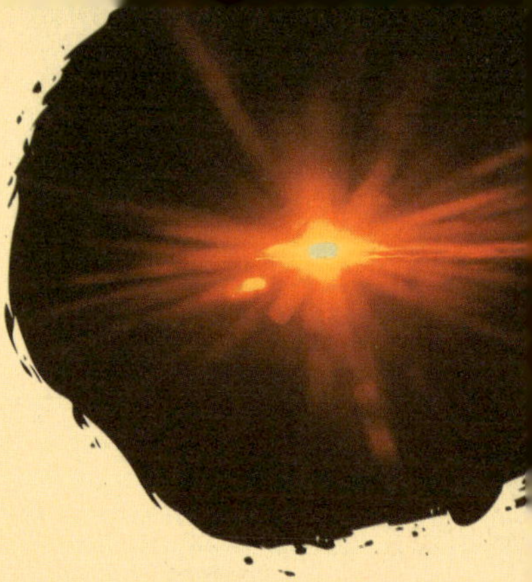

"天书"疑云

"天书"是UFO写给人类的吗？
"天书"代表什么意思呢？

很久以前人们就发现，有些UFO表面带有某种奇怪的符号、文字和图形，人们把它们统称为"天书"。

1966年3月22日，一位巴西青年曾在天空中见过一架鱼形UFO，它的外壳上竟然带有"T14768"的标志。同样的事件在俄罗斯也出现过。在赫尔松州省，据说人们发现一架UFO上不仅写有数字，这个数字竟然还会变化——它由"141"变成了"157"！

1985年12月22日，在俄罗斯的兹维列沃市上空，突然出现了像"？！"的符号。据目击者说，那些奇怪的符号是在三架UFO消失后才出现的。至于它代表什么意思，没有人能够说清楚。

更令人迷惑不解的是，UFO的外壳上有时还直接出现一些投影式的人脸或人体的形象。1989年8月，在俄罗斯的哈卡斯，一架UFO在空中飞行时留下了一个卵形大斑点。UFO消失后，这个大斑点突然变成了一个表情活灵活现的男人的面孔。这张"脸"沿着天空慢慢移动，直到变得模糊不清了才消失在一片树林的后面。一位目击者强调说："当那个像'脸'一样的东西消失在树林后面时，森林上空便

令人不敢相信的是，UFO的外壳上据说有时还会出现人脸的形象

出现了一片运动着的彩色涟漪。”

1990年3月14日夜间，在俄罗斯南乌拉尔铁路的卡塔尔车站，值班员们发现，在离他们约500米处的车站天桥附近，居然出现了一架火球状的UFO。它最初呈红色，后来又变成月亮一样的淡黄色。而且，他们还发现在火球状的UFO里面有一种类似人脸的东西。过了一会儿，“火球”离他们更近了，并悬停在空中一动不动，然后又突然转瞬即逝。这一切都让人感到惊悚不已。

“天书”究竟从何而来，它又代表什么意思呢？有人认为，“天书”也许是外星人试图同地球人进行接触的一种方式。也有人提出，“天书”也许暗示着我们人类创造的文明和某种外星文明非常相似。事实果真如此吗？现在还不得而知。

“天书”之谜，直到现在也无人能解

探索与发现
DISCOVERY & EXPLORATION

萨里斯克密码

1989年9月15日，据说在俄罗斯的萨里斯克市上空突然出现了一些数字和符号，看上去就像一串密码。有人认为，它就是外星文明写给人类的“天书”，因此称它为“萨里斯克密码”。

UFO“造访”军事基地

UFO为什么总是“光顾”军事基地？
UFO是不是特别“偏爱”人类制造的导弹？

在美国怀俄明州捷恩市西北，有一座美军的导弹基地。这里部署了大量的核导弹，是一个不对外开放的地方。

然而，就在1988年10月12日这天，这座戒备森严的导弹基地却来了一位“不速之客”，据说它是一架巨大的UFO。这个庞然大物的“光顾”，不仅使基地的警员惊诧不已，也把附近农场饲养的牲口吓得惊慌失措。

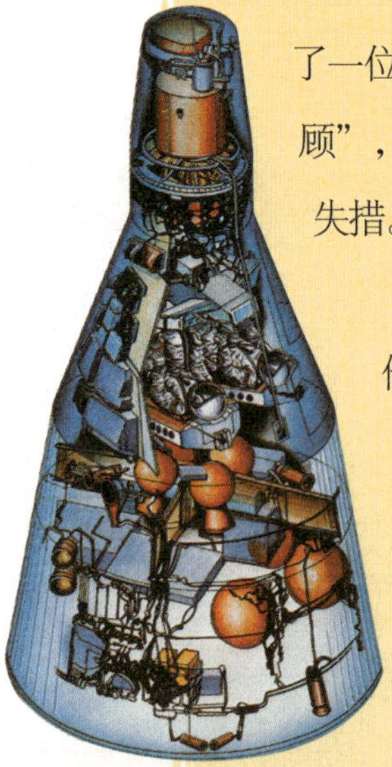

当这架UFO在基地上空盘旋的时候，两位巡警首先发现了它。他们一致认为那绝对不是任何类型的飞机。同时，他们还发现这个物体被一个蓝色光环围绕着，光环边缘处还闪烁着红色的灯光。

居住在基地附近的罗斯查·汤逊士当时也看到了这个“不速之客”。他描述说：“那个怪物足足有12个美式足球场那

据说UFO常常“造访”人类的军事基地

探索与发现
DISCOVERY & EXPLORATION

UFO“跟踪”宇宙飞船

据报道，20世纪60年代，美国的“信心”号、“双子星”号宇宙飞船在太空中飞行时，都被UFO跟踪过。据说有的宇航员还成功地拍摄下了UFO的照片。

么大，中间部位还闪烁着一连串耀眼的光芒，光的颜色有红色、绿色、蓝色，还有白色的。”

罗莲·布士萧太太是个农场主，她在导弹基地附近拥有一处农场。就在事件发生的前一天晚上，她听见农场里的牛和狗突然之间叫个不停，好像是被什么东西吓住了。可是一刹那之后，所有牲口的叫声又都停下来了。布士萧太太有着丰富的饲养经验，她认为，牲口们一定是看到了什么特别的东西，感到非常害怕。如果这个“不速之客”真的是UFO，那么，它为什么要来到这里？答案现在还无人知晓。

除此之外，据说UFO还“光顾”过苏联的导弹基地。那是在1959年5月的一天，苏联乌拉尔导弹基地总参谋部的所有雷达突然失灵了！一些UFO 在该地上空飞行，久久不愿离开。UFO为什么频频“光顾”导弹基地？它们为什么特别“偏爱”人类制造的导弹？这些UFO是由谁制造并控制的？这一切至今也没有答案。

据说，住在基地附近的人也看到了这个UFO

神秘地图出自谁手

雷斯地图是外星人绘制的吗？
外星人为什么要绘制地图呢？

据国外媒体报道，通过对历史上一些古老地图的研究，一些科学家得出了一个令人难以置信的结论：外星生命曾经在地球上出现过，而证据就是那些古老而神秘的地图。

这些地图中最著名的要数16世纪初的土耳其海军司令皮利·雷斯收藏的雷斯地图了。在这张地图上，可以清楚地看到用土耳其语标注的美洲地形，其板块一直延伸到了拉丁美洲的最南端。让人称奇的是，除了南、北美洲和非洲海岸线外，连南极洲的轮廓都丝毫不差地描绘在了地图中。可南极山脉近6000年来一直被冰雪覆盖，人类直到1952年才靠回声仪将其测绘出来，雷斯地图的最早绘制者又是如何知道冰雪下的南极山脉的形状呢？

古地图研究者冯·丹尼肯对此得出的结论是：这张地图可能是在南极洲冰封之前，也就是6000年前绘制出来的！我们人类的祖先不可能绘制出这样精确的高空投影地图，只有外星人才有可能是这幅地图的最早绘制者。事实果真如此吗？现在还不得而知。

南极冰川

[第二章]

自然探索

光怪陆离的自然界充满了各种各样奇特的现象。对于它，我们在感觉熟悉的同时，又深感陌生，因为自然界有太多事情让我们困惑，我们即使绞尽脑汁，也无法揭开它全部的奥秘。亦真亦幻的澳洲神石、金刚石的来历之谜、离奇的天然“录放机”、怪坡之谜、会自转的小岛、会变色的喀纳斯湖、日月并升之谜……众多惊人的自然秘密等待着我们去寻找答案，破解谜团。翻开本章，去揭开自然界神奇的面纱，探索它的奥秘吧。

南北两极地形为何相似

南北极地区的地形在哪些地方相似？
这种相似是偶然的吗？

北极地区

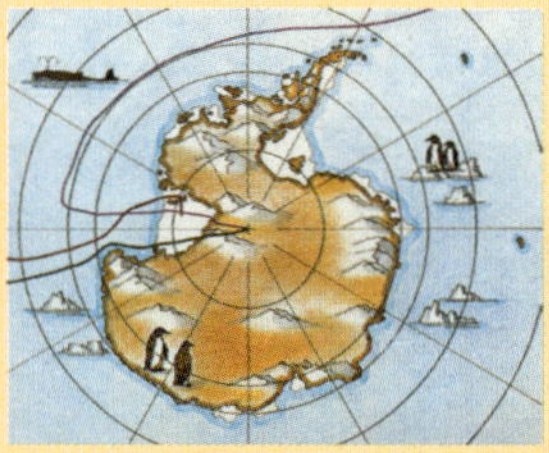

南极大陆

众所周知，北冰洋与南极大陆分别位于地球的两端，一个是大洋，一个是冰雪大陆，两者看上去似乎毫不相干，事实上却有着非常相似的面积和形态。

北冰洋的面积为1478.8万平方千米，南极洲的面积是1400万平方千米，两者相差无几。如果将现今的北极点和南极点重叠在一起，并将南极洲顺时针旋转75° 后叠置于北极之上，我们就会看到，南极洲正好嵌在北冰洋中。更有趣的是，北冰洋的深度与南极洲的海拔高度也有一定的联系。北冰洋有深达4000多米的南森海盆和欧亚海盆，南极洲恰好也有高达4000多米的山峦与之相对应；北冰洋的最深点水深5449米，而南极洲的最高点海拔5140米。这些似乎都表明，南极洲像是从北冰洋里挖出来的一般。

到目前为止，科学家只能承认这种地理“对称”事实的存在，却无法解释为什么会出现这种情况。

南北极大铁矿为何对称分布

南北极大铁矿的对称分布说明了什么？
铁矿分布与大陆板块漂移学说有什么关系吗？

铁矿石

俄罗斯西北部处于北极圈内的地区，有个叫科拉半岛的地方，其具体纬度是北纬66°～73°。苏联的地质学家在科拉半岛发现了世界级的特大铁矿床，其品位和储量都是上乘的。这个发现令人鼓舞。地质学家们并没有就此止步，他们又把目光转移到与此对应的南极方向，从科拉半岛沿同一经线南下至南纬66°～73°相对称的地方——南极大陆的查尔斯王子山，在这里又发现一个70米厚、绵延200多千米的带状磁铁矿。

在南北极对称地点发现世界级的超级大铁矿是非常有趣的。人们由此提出疑问：这种铁矿分布与南北磁极的位置有什么关系呢？这一现象与人们通常所说的大陆漂移有何关系？如果把南北极已发现的铁矿与美国、澳大利亚以及中国海南岛的铁矿联系到一起去考虑，那么这可能反映了大陆板块漂移的某种规律。这种运动规律非常有趣，但人们却无法解释这一现象的原因。

铁矿山

岩石形成探因

地球上的岩石可以分为哪几种类型？
对于岩石“水成论”和“火成论”的争论，哪个更有道理一些？

我们居住在地球这个巨大的石球上，它的表面覆盖着各种岩石。地球上最古老的岩石大约有38亿岁，而且随时都有新的岩石形成。

岩石种类繁多，形态也各不相同。那么，它们到底是怎样形成的呢？千百年来，科学家们一直在探索这个问题，并且因此还有过一场激烈的争论，持不同观点的科学家互不相让，有人称这场争论为“水火之争”。

古希腊哲学家泰勒斯认为“一切来自于水，又复归于水”，这可以视为沉积岩形成理论的思想萌芽，属“水成派”的观点。1695年，英国学者伍德沃德用《圣经》中关于大洪水的传说解释岩石和化石的成因，他认为岩石是由水的作用形成的，并明确提出了“水成论”的学说。1775年，德国地质学家魏格纳指出，花岗岩和各种金属矿物都是从原始海水中沉淀而成的。

嶙峋的山岩

岩石的形成过程

探索与发现
DISCOVERY & EXPLORATION

地球的岩石结构

地壳深处和上地幔的上部主要由火成岩和变质岩组成。从地表向下到16千米范围内，火成岩和变质岩占95%。地壳表面以沉积岩为主，约占大陆面积的75%，洋底几乎全被沉积物覆盖。

与“水成论”的观点不同，17世纪末，意大利学者莫罗提出了“火成论”。他在《论在山里发现的海洋生物》一文中指出，高山上存在的贝壳化石只能用火山作用加以解释。后来，以英国地质学家詹姆士·赫顿为代表的一些科学家，也明确赞成“火成论”。他们认为，花岗岩不可能在水里产生，而是岩浆冷却后形成的。

现在，科学家们借助于先进的设备，已经大致了解了岩石形成的来龙去脉。地球现有的岩石大致可分为岩浆岩、沉积岩和变质岩三大类，每类岩石的成因各不相同。岩浆岩主要由火山活动形成。沉积岩是在风化、侵蚀、流水搬运、沉积等外力的作用下形成的。变质岩是在一定的变质作用下，由岩浆岩和沉积岩变质形成的。

由此可以看出，地球岩石的形成原因是多种多样的，无论是“水成论”还是“火成论”，都有其合理的地方，也都有其不足的地方。

其实，无论什么理论都不可能永远正确，而争论往往可以推动科技进步。相信随着科学技术的不断发展，新的理论定能揭开更多关于岩石成因的秘密。

有“生命”的石头

石头如何表现出生命的特征？
石头为什么能不断“生长”？

研究人员正在对一块怪石进行研究

众所周知，石头是没有生命的，它不能活动，也不能生长。然而奇怪的是，在我国四川省的九寨沟里却有一块会生长的石头。这块石头的外形很像乌龟，因此人们称它为“龟石”。

据考察，1968年，这块龟石仅有50厘米长、40厘米宽，一个人就可以搬动。可是到了1990年，这块龟石已经“长”到130厘米长，体积也增加了10倍，十来个人也很难搬动它。

发现“活”石头的九寨沟

无独有偶，在湖北省钟祥市客店乡元台村五组高涛家里，也有一块会生长的石头。这块石头就在他家的厢房中。这间房屋是他祖上留下来的，已有350多年的历史。地基上一块像狮子一样的小石头现今已逐渐长成长约360厘米、宽约230厘米、高约210厘米的大“石狮”，并且这具“石狮”仍在继续长大。至于石头为什么会“生长”，至今还是个谜。

亦真亦幻的澳洲神石

澳洲神石为何能自动变色？
澳洲神石是远古时代的流星陨石吗？

在澳大利亚中部辽阔的沙漠地带，耸立着一块奇异的石头。它从一望无垠的平地上拔地而起，高达300多米，底部周长约9000米。人们站在100千米以外的地方，就能遥遥望到它的踪影。它之所以出名，不仅在于外形巨大，更在于它的奇特。在不同的时间和季节里，巨石能自己变换颜色。比如在早晨和黄昏，巨石会变得通身火红；在正午时分，它又会呈现出翠绿色。

地质学家勘探了神石的所在地后，认为这里曾是一片湿润的沼泽地，因为地壳运动、地貌改变，这里最终变成了干旱的荒漠，仅留下神石脚下的一处泉眼，是泉水使神石改变了颜色。另一些科学家却认为神石是远古时代的陨石，它接受着来自太阳或月亮的光辉，光滑的表面又从不同角度、不同时间对光线进行折射，因而造成了色彩变幻的奇迹。事实果真如此吗？真相还有待后人去揭开。

澳洲神石

变成红色的澳洲神石

金刚石的来历之谜

金刚石难道不是自然形成的吗？
从天外来的金刚石又能说明什么？

打磨后的钻石

金刚石又叫钻石，具有晶莹透亮的光泽、超强的硬度，因此被称为“宝石之王”。

对于这种美丽而稀少的宝物，人们迫切想知道它的来历。最初，多数人认为，金刚石来自地下的矿石，是金伯利岩本身所含的游离碳在剧烈的岩浆活动中，也就是在高温、高压条件下结晶形成的。这是因为人类已在实验室里利用极高的温度和压力，批量生产出人造金刚石；另一方面，盛产金刚石的金伯利岩也仅分布在有火山喷发活动的地质带上。

然而到1888年，一个意外的发现改变了众人的看法。科学家在石质陨石中发现了金刚石细粒，并且这些金刚石的年龄竟与地球的接近，有几十亿年了。金刚石产自地下的观点受到了质疑。科学家们大胆地猜想，宇宙中的金刚石数量多得惊人，它们参与了太阳系的演化，最终被留在了地球上。这么看来，金刚石究竟来自天上还是产自地下，仍是一个令人难以捉摸的谜。

有人认为，火山活动创造的高温和高压条件，促生了金刚石的形成

重达620克拉的钻石原石

离奇的天然“录放机”

天然录像是不是只在特定的环境中发生？
为什么大自然能记录下天然影像和音效？

山谷能将收集到的声音通过岩石中的磁性物质记录下来吗？

20世纪80年代初的盛夏，在地中海海滩上度假的人们，曾在黄昏时刻目睹了爱琴海上空出现的古代战争场面：身穿铠甲的士兵们手执盾牌长剑在浴血奋战，战场上尸横遍野。

在中国山海关附近的某地，也曾发生过类似怪事。一天夜晚，露宿在森林开阔地带的地质队员，忽然听到帐篷外杀声震天，刀剑碰击声和战马嘶鸣声交织成一片。第二天夜晚，类似的事又发生了。队员们立即冲出帐篷，打开手电筒四处寻找，却什么也没看见。后来，有地质队员在史料中发现，这里曾是一个古战场。

这样的事在世界各地都曾发生过。有人认为，在磁性强度较大的环境里，并在适宜的条件下，影像、声音很可能被周围的建筑物、岩石、铁矿甚至古树记录并储存下来，而在特定的条件下又会还原播放。还有人认为，是能“记忆”的铁钛合金类物质造成了这一现象。这些说法都还有待于进一步的证实。

山海关历来是兵家必争之地，附近地区多是古战场

神秘之声

怪声是否与声音传播有关呢？
为什么有些声音找不到声源？

"塞内卡之声"久久困扰着当地人

1977年冬天，整个美国东部沿海地区常能听到不寻常的隆隆声。对此，成千上万的居民感到惶恐不安。美国米蒂尔研究中心对这种声音进行了研究，研究结果表明：四分之三的声音来自超音速飞机，或其他人为的噪音，由于天气晴朗，因而声音传得很远很远；余下的四分之一，说得确切一些，另外181次声响，虽然全是自然之声，却来历不明。

神秘之声的破坏力巨大，可以拦腰折断林木

居住在孟加拉国南部巴里萨尔周围的人们声称，每当遇上暴风雨天气，一种莫明其妙的炮声一定会如期而至。这就是有名的"巴里萨尔的炮声"，它出现在孟加拉湾达数年之久，而且一直传到恒河三角洲内陆300千米处。这些声音往往发生在沉积岩深处。美国康奈尔大学的托马斯·戈尔德教授认为，这大概是由于沉积岩把人们听力范围内的震动声都吸引过来了，也很可能是上千次

有人认为，孟加拉湾神秘之声的出现与天气有关

雾气腾腾的环境能制造出神秘的声效

与探索发现 DISCOVERY & EXPLORATION

爱走弯路的声音

声音爱挑温度低、密度大的路径走，也就是说声音在温度低、密度大的物质中传播速度比较快。例如，士兵常把耳朵贴在地上判断敌军的远近，是因声音在泥土中传播较空气中快的缘故。

的小震正好发生在应力场内，这样人们就能听到，却感觉不到。另有地质学家认为，缅甸的一些泥火山爆发，很可能是这些神秘之声的源头。

在比利时沿海一带，往往在迷雾蒙蒙的时候，人们会听到从遥远的地方传来的声音。这种声音很怪，只能在100千米之外听见，而离这个声源很近的地方却存在着一个“哑区”。有人估计，气温逆转的雾天有利于声音在水面上传播，所以推测这一神秘之声很可能是人为噪声，而不是自然之声。

此外，发生在美国塞内卡福尔斯的“塞内卡之声”更是一个奇怪的谜。有种声音一连数年毫无规律地、有间隔地出现在这个城市的四周。人们在几百千米的范围内寻找声音的来源，却毫无结果。

在我国，怪声事件也时有发生。1994年11月30日凌晨3点左右，贵州都溪林场职工忽然听到火车行驶的轰鸣声，而实际上此地并没有铁路。天明后，工作人员惊异地发现，林场2000多公顷的树林齐刷刷地倒下一大片。奇怪的是，这片“伐区”上空的高压线竟安然无恙。

怪声的成因是什么？在什么地方更容易出现？现代科学至今还不能给出圆满的答案。

揭开怪坡之谜

为什么上坡容易下坡难？
怪坡附近有强大的磁场吗？

俗话说："下坡容易上坡难。"然而在我国辽宁省沈阳市新城子区清水台镇阎家村附近的哈大公路段的东侧约1000米处，有一段长70多米的坡路，却是一个"上坡容易下坡难"的奇怪路段。

一天，具有多年驾驶经验的司机屠春明，驾驶着面包车路经这里，将车停在这段坡路的底部，摘挡熄火，跳下车到路边办事。谁知车竟然在无人驾驶的情况下向坡路顶端冲了上去，一直冲出近60米远。直到车轮被一块石头挡住，车才停了下来。

面对这种汽车自动向上滑行的现象，司机感到很费解。他带着疑惑和不解向人们述说了这一事情的经过。从此，这一具有神秘色彩的怪事很快就传开了，由此也引来了许多好奇的人反复进行实验。人们发现，在这条路上骑自行车和走路也会感到上坡省力，下坡费劲。

无独有偶，在美国犹他州也有一段被人们称为"重力之山"的奇特坡道。这是一条直线距离为500米左右、坡度陡峭的斜坡道，是闻名全球的怪坡。倘若你驱车来到此地，将车熄火就会发现，汽车犹如被一种无形的力量拉

在怪坡上骑自行车，会感到上坡省力下坡费劲

美国的“重力之山”

辽宁省沈阳市的怪坡

着似的，自动地缓缓向山坡上驶去。

这一奇特的现象引起科学家们的极大关注，他们纷纷来到重力之山进行科学实验。实验结果表明：在怪坡上，越是质量大的物体，越是容易发生自行上坡的奇异现象。

有人认为，怪坡周围的岩石含有大量铁质，存在磁场，因而产生强大的引力，将汽车拖上山坡。有人提出“重力位移说”，认为由于某种原因，重力场上的某个或某几个点分布异常，导致重力位移。不过如果是这种现象，那么其范围不应只局限在某一路段上。

此外，人们还提出了“视觉误差说”“四维交错说”“鬼怪作祟”“UFO的神秘力量”“黑暗物质的强大万有引力”等众多解释，但这些学说却难以使人信服。

与探索发现
DISCOVERY & EXPLORATION

水往高处流

我国新疆克孜勒苏柯尔克孜自治州乌恰县有一条什克河。河水从低洼处沿着小山坡逶迤流动，最后竟然爬上了十几米高的小山坡。

会自转的小岛

会自转的小岛是浮在海面上的冰山吗？
小岛为何每24小时自转一周？

你相信有会自转的小岛吗？1964年，据说当“参捷”号货轮在经过西印度群岛时，船员们偶然发现了一个无人小岛。船员们兴奋地到小岛上去探秘，结果并没有发现什么新奇的东西。

可是，当他们返回自己乘坐的货轮时，却发现了一件奇怪的事情。罗盘显示，他们的货轮停泊的方向发生了变化。船员们仔细查看了一下，货轮并没有移动过。他们又检查了一下罗盘，也没有故障。可是货轮停泊的方向为什么改变了呢？后来，船员们发现小岛竟然会像地球自转那样，每24小时旋转一周，并且每天转个不停！关于小岛旋转的原因众说纷纭。有人认为，这座小岛实际上是一座浮在海面上的冰山，因潮水的涨落而旋转。这种推测不能令人信服，因为别的冰山小岛也都浮在海面上，为什么就不能有规律地每24小时旋转一周呢？更让人奇怪的是，时隔不久这座怪岛居然从海面上神秘地消失了。但是，小岛带来的谜团并没有随之消失，人们一直在探求小岛自转的谜底。

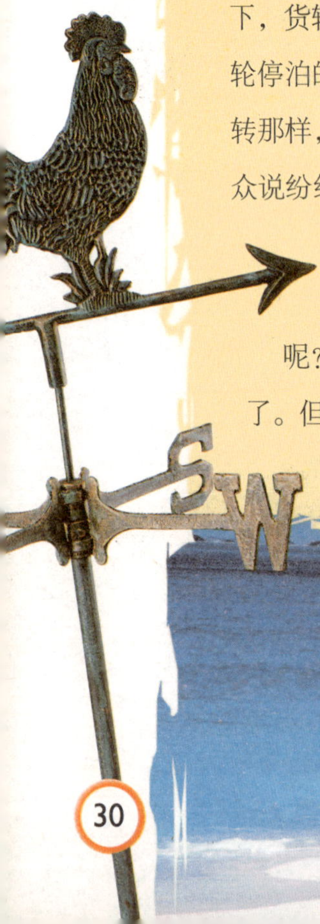

西印度群岛附近的海滨

能使人长高的岛

为什么岛上的居民容易长个儿？
是什么改变了人体机能？

马提尼克岛是加勒比海上的岛屿，这是一座神奇的岛屿，据说只要住在岛上，人们就能长个儿，因此人们称这里为“巨人岛”。

马提尼克岛上的居民们一个个身材高大，成年男子平均身高达1.90米，成年女子则超过1.74米。而从国外来的游客，只要在这里住上一段时间，也会长高几厘米，即使是早已停止生长的老年人也不例外。

为什么马提尼克岛会有这种奇怪的现象？一些科学家认为，这是由于该岛上存在着大量的放射性矿物质，这种放射性矿物质能使人体内部机能发生某种特别的变化，从而使人增高。还有一些科学家认为，这里的地心引力小，因此对人的身高影响不大，从而能够促进人体的增长。但是，这两种理论都不足以使人信服。马提尼克岛使人长高的真正原因是什么？由于众说纷纭，这至今仍是一个难解的谜。如果能解开这一谜题，那么期待长高的人就可以解除烦恼了。

巨人岛位于迷人的加勒比海上

探寻钻石谷

钻石是怎么形成的？
钻石谷真的存在吗？

钻石在我国古代被称为金刚石，因为其硬可攻玉，常常被当成玉石或瓷器的加工工具，所以后来渐渐就被称为“钻石”了。上品钻石价值连城，一向是富豪和贵族们的追逐目标。

天然钻石之所以珍贵，是因为它在世间极为难得。现在发现年代最久远的钻石已经有45亿年，这说明它在地球形成之初便已开始在地球深处结晶。钻石的形成需要极高温、极高压的苛刻环境，而且其形成过程也是十分漫长的。

人们在地下开采宝石矿

据统计，人类在几千年的历史中找到的全部钻石才不过130吨左右。而随着人类文明的进步，开采技术越来越高，到目前为止全世界的钻石产量为每年7吨。这些钻石还是从挖出的7亿吨的矿石中筛选出来的，其难得程度由此可见一斑。

但世界上有没有一个地方遍地都是钻石呢？公元1世纪时，罗马哲学家佩尼在其著作《自然界历史》中记载了这样一件事：在公元前350年的印度战役中，亚历山大大帝曾经在一个毒

钻石因其难得而备显珍贵

蛇遍布的深谷中发现了大量的钻石，但是钻石谷中的毒蛇好像在受命守护着这些珍宝，只要看见有人接近，它们便用恶毒的目光将人“杀死”于数步之外。因此，亚历山大大帝命令士兵用镜子将毒蛇的目光反射回去，杀死了这些毒蛇。之后，亚历山大大帝的军队顺利地通过钻石谷并满载而归。此外，《天方夜谭》中关于辛巴达的航海神话里也提到了钻石谷。还有《马可·波罗游记》中也出现过类似的记载。那么，地球上果真有钻石谷吗？这些文学作品和传说是不是暗示着地球上真的存在这样的地方呢？

有人认为，钻石谷只不过是贪婪成性的人类为满足自私的幻想而杜撰出来的。也有人认为，由于火山爆发，藏在地球深处的大量钻石有可能被岩浆带到地球的表面。滚烫的岩浆在地表上冷却后，形成大量包裹钻石的金伯利岩或钾镁煌斑岩。这些岩石在长时间风吹雨打等风化作用下，大量的钻石逐渐从石层包裹中脱离出来，经过雨水的搬运，最终聚集在河床上，从而形成钻石谷。事实果真如此吗？目前无人能解答。

探索与发现
DISCOVERY & EXPLORATION

钻石为何往往与毒蛇同在

人们认为，钻石在受到光线的照射后会发光，这些光引来了许多有趋光性的昆虫，昆虫又引来大量的青蛙。由于有了大量的食物，毒蛇自然就被吸引到这里来了。

古鼎龙潭奏乐之谜

古鼎龙潭能发出什么样的音乐声？
古鼎龙潭的音乐声是怎样形成的？

有人推测是波浪拍打钟乳石发出了类似古乐的声音

在我国广西壮族自治区有一个奇妙的古鼎山洞，山洞里有一个令人着迷的龙潭。这龙潭的潭水看起来没有什么奇特之处，可是它却能“演奏”出悠扬悦耳的音乐。

龙潭最近一次“演奏”发生在1986年1月9日。人们听到潭水里传出锣鼓声、木鱼声、唢呐声等古乐声，仿佛那里正在举办着佛事活动。这种奇特的现象一直持续到1月11日的中午才渐渐消失。龙潭奏乐现象在1953年曾出现过一次，没想到33年后又重新出现，这真叫人百思不得其解。

曾经有地质考察队员进入山洞里，因山洞里寒气逼人，他们实在抵挡不住便退了出来。有人猜测说，这个山洞蜿蜒曲折，并且有水。由于洞里面的风特别强劲，会掀起水浪，波浪拍打着山洞里的钟乳石，便产生了酷似乐器的声音。也有人说，也许古人曾在古鼎龙潭附近奏乐，自然界存储了这些声响，等条件适合时便释放出来。不过这些说法只是猜测，真正有说服力的结论还没有出现。

龙潭“奏乐”时夹杂有锣鼓的声音

定期互换清浊的鸳鸯井

鸳鸯井是何时打造的？
鸳鸯井为何能定期互换清浊？

在我国四川省武胜县飞龙镇木井村附近，有两口古井。两井相距4米，一口叫上木井，一口叫下木井，凿于何时已无法得知。

经过长期观察，居住在这里的人们发现：端午节前，上木井水清澈甘甜，下木井水浑浊肮脏，上面还飘着黄色漂浮物，不能饮用。但是到了端午节，上木井的水变浑变脏，下木井的水变清变甜。到了中秋节，两口井水质再次互换。年年如此，从未错过日期。对此，地质工作者分析，两井所在地的地质结构存在裂隙。当天热时，地下水进入上木井裂隙，地下硫化物随地下水进入上木井，就有可能形成黄色漂浮物并导致上木井变浑。天冷时，地下水改变方向进入下木井，于是就出现了清浊互换的情况。

鸳鸯井附近有丰富的地下水

但是，居民们还发现，在任意一口井取水时，另一口井的水位也会同时下降，这说明两口井是相通的。但相通的地下水是如何做到“清浊分明”的？古人打出如此巧妙的鸳鸯井，是巧合还是他们已掌握地下水流方向变化的规律？关于这个问题，现在人们仍然无法解答。

会变色的喀纳斯湖

喀纳斯湖能变幻出什么颜色？
喀纳斯湖为什么会变色？

9月的喀纳斯湖秋色浓郁，风光如画

喀纳斯湖位于我国新疆北部的阿尔泰山区，是著名的生态保护区之一。

喀纳斯湖与其他高山湖泊一样，湖水主要来自冰雪融水。然而奇怪的是，它的湖水会随着一天之中的光线变化而改变颜色。太阳初升之时，湖水是蓝色的。等到太阳升上树梢，湖水就变成碧玉一般。过了一会儿，湖水又变成黄色，先是鹅黄，然后变得金灿灿的。

更奇特的是，有时候喀纳斯湖湖面上竟能同时出现各种色彩，这里变红，那里发白，更远处则呈现紫色……五彩斑斓，变幻莫测，令人眼花缭乱，目不暇接。

喀纳斯湖因湖怪传说更显神秘

喀纳斯湖为何会变色？有人认为是湖水成分造成的，有人认为是湖底构造的缘故，还有人认为是云雾、阳光、两岸山体植被和湖面水汽相互作用的结果。但无论是哪种说法，至今都没有得到证实。

盛产沥青的彼奇湖

为什么彼奇湖会蕴藏丰富的沥青？
彼奇湖里的沥青取之不尽吗？

彼奇湖盛产优质沥青

彼奇湖位于加勒比海东南的特立尼达岛上，湖里没有多少水，但是湖中心却不断涌现出天然沥青，因此又叫“沥青湖”。这里的沥青漆黑油亮，有“乌金”之称。人们在沥青湖里每天开采近百吨沥青，但是湖面从不因开采而下降。据地质学家估计，如果按现在的速度开采，那么即使再过200年，湖里的沥青也不会被采尽。

为什么彼奇湖会蕴藏丰富的沥青？科学家们众说纷纭。有人认为，彼奇湖正好处于两个断层的交界处。由于古代地壳变动，岩层断裂，因而沉积在深层的石油和天然气被挤压上来，便形成了如今的沥青湖。还有人认为，这里原来是一座死火山，石油和天然气在火山下的地层中长期与软泥流等物质混合，当火山喷发时，石油和天然气喷涌而出，由此便形成了沥青湖。

到底哪一种说法更可信呢？相信随着科学的发展，人们很快就会知道答案。

盛产石油的地方大多有天然气输送管道

冰期是怎样形成的

地质史上共发生过多少次大冰期？
目前有关冰期成因的解释有哪些？

古今冰川分布比较

冰期是指地球历史上大规模寒冷的时期，在这个时期内，不仅地球两极和高山顶上有冰川分布，就是一些纬度较低的温带地区和低矮山岭上也分布着许多冰川。全球各地的历史上曾发生过三次大冰期，即震旦纪冰期、石炭纪—二叠纪冰期和第四纪冰期，而每次大冰期又是由许多小冰期组成的。

地球上为什么会出现寒冷的冰期呢？最初有学者称，造山运动引起海陆分布变化，山体升高导致全球气候变冷。但人们很快发现，造山运动剧烈的时期与冰期并不完全吻合。于是又有人提出，植物的大量繁殖使二氧化碳被大量消耗掉，致使气温下降出现冰期。然而历史上植物繁盛时期之后并没有出现冰期。后来有人提出，地球冰期的发生与太阳率领其家族成员通过银河旋臂的时间有关，大量的星际尘埃削弱了到达地球的太阳辐射。但是银河旋臂附近的空间真有那么多星际尘埃吗？这令人怀疑。因此，冰期的成因在目前仍是一个悬而未解的谜。

冰川塑造出复杂多样的地貌

冰期为什么会循环

冰期是如何循环的？

什么因素引发了冰期循环？

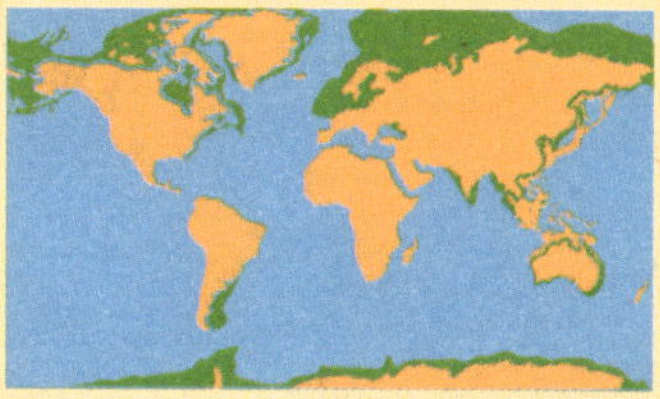

间冰期与冰期时的陆地变化

地球在长时期的历史演变中存在着冷暖变化，从冰期、间冰期又回到冰期、间冰期，这样的循环称为冰期旋回。最近的一次大冰期是从70万年前开始的，而构成此次大冰期的小冰期至今已发生过7次，每次持续时间达9万年之久，两次冰期之间总是伴随着大约1万年的温暖的间冰期。目前，我们正生活在第7次温暖的间冰期末尾。再过5000年，地球又将进入一次小冰期。

究竟是什么原因触发了这种冷暖循环呢？多数科学家认为，这源于地球轨道形状的变化。地球除了绕轴自转和绕日公转外，还在自转轴上摇摆，故轴会随轨道平面改变倾斜度，另外绕日的椭圆形轨道在趋向圆形。这些因素足以引发气候波动。然而，也有专家研究之后发现，这对地球温度的影响甚小，仅为0.4℃。有趣的是，10万年是冰期转换的周期，而这在地球轨道变化周期中却是变化率最小的周期。还有什么因素控制着冰期循环呢？这还是一个难解的谜。

间冰期温暖的气候使许多冰川开始融化

日月并升之谜

日月并升的现象有规律吗？
人们看到的日月并升奇观是怎样产生的？

每个月的农历初一，日月都是并升的。但是由于月亮和太阳位于同一方向，太阳的光芒远远超过月亮，因此白天是看不见月亮的。但是在我国浙江省钱塘江北云岫山鹰巢顶上，一般在每年农历十月初一清晨，人们却能看到“日月并升”奇观：太阳和月亮重叠在一起，同时从钱塘江水面升起；有时月亮先升起，几乎在同一直线上，太阳随之出现；有时太阳升起后，淡灰色的月亮冉冉升起，并在太阳的边缘忽上忽下、忽左忽右地跳动着。当太阳和月亮重叠时，太阳的四周会出现一个光环，构成一幅奇妙无比的画卷。日月并升现象一般持续20分钟左右，待太阳大放光芒时就消失了。

日月并升现象

那么，这种现象是如何产生的呢？有人说，这是日食的一种表现。然而日食不一定非要出现在农历十月初一，并且天下各地均可同观。也有人说，这是由于江海上空气候的剧变及冷暖气流的交换，使大气层底部的温度、湿度和密度发生了变化，从而使阳光在其中产生折射而造成的异常现象。但以上说法都有不足之处，人们看到的日月并升奇观形成的真正原因，至今仍是个谜。

奇异的“夜太阳”

在哪里能看到“夜太阳”？
“夜太阳”是太阳蜃景吗？

当你欣赏宁静的夜色时，却发现头上高悬着一轮烈日，你是否会感到惊讶呢？这种奇异的天象就是所谓的“夜太阳”之谜。

关于“夜太阳”现象，古今中外都有发现。在国外，“夜太阳”的奇事可以追溯到公元前2世纪的意大利。在我国，这种奇事更是广泛见于各种历史书籍。“夜太阳”最近一次发生在1989年7月8日晚20时47分，最佳观察地点在我国江苏省兴化市唐刘乡姜家村附近。“夜太阳”发生时，耀眼的金光洒向大地，把姜家村南边的河水映得闪闪发亮。

这种现象该如何解释呢？有人认为，“夜太阳”其实是一种太阳蜃景，就像海市蜃楼一样，都是大气的杰作。也有人认为，“夜太阳”其实是火流星，因为火流星运行速度很快，当它与大气中的分子强烈碰撞时，表面就会因熔化而发出光芒，由此形成耀眼的火球。还有人认为，“夜太阳”可能是神出鬼没的飞碟。当然，这些仅仅是猜测，要破解“夜太阳”之谜，还有待于人们深入的研究。

冉冉升起的太阳

天上飘落“蛛丝雨”

下“蛛丝雨”时有什么奇特现象？
“蛛丝雨”是怎样形成的？

雨是一种常见的自然现象，可是你见过天上飘落的“蛛丝雨”吗？与传统意义上的雨不同，“蛛丝雨”没有雨滴，落下的只是细细的白色蜘蛛丝。这种现象已发生过好几次。

1741年9月21日早晨，在英国的布来得福德草原上空，突然有蜘蛛丝像雨一般地飘落下来，并且不间断地落了一整天。密集的蜘蛛丝并没有在空中任意飘荡，而是像棉絮片一样飘落，落下的速度很快，显然比空气重。这些蜘蛛丝异常粗大，飘落的蜘蛛丝几乎覆盖了整个草原。

1883年10月16日，在法国吉伦特地区蒙图萨上空出现了厚重的乌云，不久落下了稠密、细软的蜘蛛丝。蜘蛛丝聚拢起来，变成一团团白色绒毛状东西。不可思议的是，这种白色物质用火烧后，竟能变成炭。

“蛛丝雨”出现前天空阴云密布

令人惊奇的是，“蛛丝雨”降落时并没有蜘蛛出现。那么，“蛛丝雨”的形成原因到底是什么呢？几个世纪过去了，至今仍无人能给出合理的解释。

石雨从何而来

石雨是一种流星雨吗？
下石雨时有雨滴落下吗？

1906年3月的一个夜晚，荷兰探险家德尔特勒西特·库罗汀迪克在基地的小屋里睡觉，突然被物体撞击地板的声响惊醒了。他起身一看，发现有一颗他从未见过的黑色小石子掉落在地板上。不一会儿，只听“叭”的一声，又掉下来一颗小石子。小石子是穿透棕榈铺就的屋顶掉下来的。

有人猜测，石雨可能是太空陨石

库罗汀迪克以为有人在房顶上捣鬼，便和随行的向导去房外察看，然而房顶上没有人，周围也没有任何异常情况。但是当他们回到房内，小石子仍然像下雨般从屋顶上掉落。

第二天天亮后，库罗汀迪克仔细地观察了屋顶内外，奇怪的是，他没有找到任何石子穿透屋顶的痕迹。库罗汀迪克既惊异又纳闷。为了弄清真相，他收集了几颗小石子当成标本，交给专家研究。结果，专家们对这些从未见过的小石子也感到莫名其妙。这种能穿过屋顶而又不留痕迹的“石雨”究竟是什么东西？又从何而来呢？没有人能解答。

人们收集到的黑色陨石

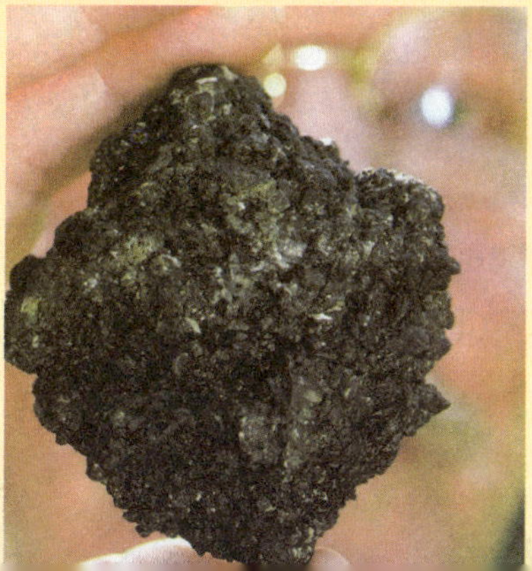

捉摸不定的高空闪电

高空闪电是怎么回事?
已发现的高空闪电有哪些类型?

高空闪电

雷雨激发的高空闪电是自然界的奇观之一，最高可达90余千米的上空，形态多样且复杂，历时仅几毫秒，因此研究起来非常困难。第一个看到高空闪电的飞行员，曾被从未看到过高空闪电的科学家称为疯子，而真正证实高空闪电存在的证据是1989年由一架航天飞机拍下的照片，它被科学家称为“精灵”。

多年以来，科学家们甚至都不知道“精灵”们是什么，也不知道它们是怎样形成的。研究人员对此意见不统一，有人认为这是由强烈的雷雨天气引发的，还有人认为高空大气层中的星际灰尘或重力波是导致“精灵”出现的原因。最近，一个专门研究小组找到了“精灵”在强烈闪电过程中形成的证据。他们从2000年夏季开始搜集美国各地的雷暴资料，发现高空强烈闪电的电荷是促成“精灵”出现的重要因素。

与普通闪电相比，高空闪电的特点是令人捉摸不定。现已发现的高空闪电有：发生在30～90千米高空的红色“精灵”，其上半部为红色，底部则渐渐

蓝色的闪电

红色的闪电

探索与发现
DISCOVERY & EXPLORATION

大气层的结构

大气层由对流层（距地球10千米左右）、平流层（10～55千米）、中间层（55～80千米）、电离层（80～500千米）和逃逸层（500千米以上）构成。高空闪电多发生在对流层顶至电离层之间。

转变为蓝色，宽5～10千米，可持续10～100毫秒；发生在云顶到40千米高处的蓝色喷流，其形状很像是喷嘴高速喷出的喷流，持续时间约0.3秒，由云顶向高空喷出；发生在90千米高空附近的淘气“精灵”，是由多个闪电组合而成的，为火红色，具有向外扩张的圈圈状外形，可以照亮半径100千米内的夜空；联结云顶与90千米处电离层的巨大喷流，其顶端宽度约40千米，喷流发光体所占的体积达3万立方千米，相当于100亿座大型游泳池的容积。除此之外，是否还有未发现的高空闪电类型呢？目前还无法确知。

现在，科学家们正在全球范围内研究高空闪电现象及其意义。他们称，这些高空闪电可能会以我们不知道的方式影响臭氧层，而且还可能会对在这些高度上游弋的间谍飞机或向地球俯冲下来准备着陆的航天飞机造成威胁。最重要的是，这种高空闪电可能揭示地球各地雷雨中电路运行方式的本质，以及高空大气层中某个区域的本质，而人们从前曾一度普遍认为这是无关紧要的。由此看来，这项研究意义重大。

高空闪电可延伸至电离层

谁点亮了“佛灯”

“佛灯”是怎样形成的？
为什么观“佛灯”要选择特定场所？

峨眉山佛光

在我国的佛教圣地峨眉山及青城山、庐山等地，都有人目睹过“佛灯”。在晴朗没有月光的晚上，站在高处远眺，山间会忽然现出星星点点的光。这些光来来去去、隐隐约约，像是缓步行走的大佛手中引路的灯笼，于是人们便给它们起了一个动听的名字——佛灯。见过“佛灯”的人说它有白、青、蓝、绿等多种颜色。

这些“佛灯”究竟从何而来，又是谁点亮的呢？以前，人们都认为“佛灯”就是民间传说的“鬼火”，是由含磷的物质自燃引起的。可是“佛灯”是飘荡在空中的，而“鬼火”多是贴着地面移动的，不会飘得很高，且光很弱，在很远的地方就看不见了。由此，这个观点被否定了。于是，有人提出“星光反射说”，他们认为高山上的云多漂浮在山中央，它们就好像一面镜子，可将高空的星光反射下来，形成壮观的“佛灯”。可事实并不是这样，在有些山观“佛灯”，还必须选择特定的场所。由此看来，“佛灯”的成因仍是一个谜。

峨眉山的金顶是观看“佛灯”的好地方

[第三章]

生物秘闻

在与我们人类生活息息相关的生物世界，也隐藏着无数惊人的秘密，它们具有绝对的诱惑力，吸引着诸多科学家为之付出毕生的精力。长久不死的青蛙和蟾蜍、沼泽山雀惊人的记忆力、为人类领航的海豚、海中奇宝——龙涎香、植物长生不老之谜……奇异的生物世界别有一番风景和乐趣。还等什么呢，赶快去探索吧！

难解陆蟹弃水投陆之举

为什么陆蟹要从海中转移到陆地上生活呢？
陆蟹是如何精确地掌握交配、产卵的日期的？

陆蟹以陆地上的植物为食

陆蟹体形较小，生活在密克罗尼西亚群岛上的树林和岩隙之中，以岛上的植物为食。

不过，这些陆蟹并不是一出生就生活在陆地上的。每年三四月之交的月圆之夜，雄陆蟹和雌陆蟹会一对接一对地排成长队，爬向海边，聚集在海滨的礁石上，然后成双成对地进行交配。一个月后，那些受孕的雌蟹便拖着突起的腹部，成群结队地再次爬向海滨，到浅水中去产卵。大量蟹卵在海水中扩散，慢慢地，这些蟹卵便在海水中孵化成幼蟹了。幼蟹以海洋中的浮游生物为食，在海中长到一定程度，便离开海水，来到陆地上，开始了在陆地上的生活。

为什么这种螃蟹不在海水中生活，而要转移到陆地上呢？它们是如何那么精确地掌握交配、产卵的日期的呢？有关陆蟹的这些疑问，还没有人能给予解答。

陆蟹生活在密克罗尼西亚群岛上的树林和岩隙之中

追踪北极巨蟹南迁的脚步

北极圈内的巨蟹为什么要南迁？
巨蟹的生活习性是怎样的？

巨蟹重达15千克

多年前，三个渔民在靠近北极圈的挪威北部海岸捕鱼的时候，发生了一件怪事。

当时，他们从海中往船上拉网，但拉得非常吃力，因此，三人都以为网中一定有很多鱼。然而，当网被拉出水面的时候，眼前的情景使三人大吃一惊。他们看到网里有一群正在张牙舞爪的巨蟹。这些巨蟹被倒在甲板上后，旁若无人地到处乱爬。一受到惊吓，它们就举起巨大的螯向人们示威。

人们经过小心测量，发现这些巨蟹体长近一米，体重15千克，其庞大程度实属罕见。

得知这一怪事后，生物学家们纷纷赶来进行考察。他们认为，这些巨蟹其实来自俄罗斯的北极圈地区，现在正在集体向南迁徙。它们为什么要南迁呢？是原来的生活环境发生了变化，还是它们本来就有这样的习性？这些还不得而知。

巨蟹长有巨大的螯

另外，对于这种巨蟹的其他生活习性，生物学家们也一无所知，看来要想了解它们，还需要科学家们进一步研究。

昆虫精美的“家”

昆虫的巢穴有哪些样式？
所有的昆虫都会给自己筑巢吗？

白蚁建造的蚁塔

在昆虫世界里，有很多昆虫同人一样，住在自己筑造的巢穴里，不过，也有些昆虫因为不会筑巢而无家可归。

在中国海南岛以及广西、云南的南部的林地里常常能看到许多像塔一样的“建筑物”。这是白蚁为自己建造的巢，人们称它为“蚁塔”。蚁塔一般高2～3米，其主要建筑原料是泥土以及少量的白蚁分泌物和排泄物。这种建筑很结实，其内部结构极为复杂，除了有用来居住的巢室，还有孵化室、仓库，以及用来流通空气和排除雨水的管道。

除了白蚁的“蚁塔”，在中国农村很多地区的沟渠等处，人们还可以看见沼石蛾幼虫建造的精巧而细致的“套子房屋”。建造“房屋”

蜂巢是由无数个六角柱状体的小房子连接而成的

时，幼虫能分泌出一种可在水中迅速凝固的黏性物质。它们把这种黏性物质涂抹在沙粒等物体上，并把它们粘起来，便建成了“套子房屋”。

蜜蜂的巢穴更加精巧，连人类都惊叹不已。它们的房屋是由无数个六角柱状体的小房子连接而成的。房底呈六角锥体状，包括六个三角形；每两个相邻的三角形可以拼成一个菱形。由这样的菱形面组成的蜂巢结构容量最大，所需的建筑材料却最少。

另外，建在地下的蚂蚁巢穴也堪称精致复杂的“艺术精品”。

令人感到不解的是，大多数昆虫的筑巢本领根本用不着学习，筑巢的方法似乎也是各有一套固定的模式，而且有些昆虫巢穴建筑的精巧程度令人吃惊。

为什么有的昆虫连最基本、最简单的巢穴都不会修筑，而有的昆虫却不仅会筑巢，还能把巢建得非常精美复杂呢？这些问题还有待于动物学家的进一步研究。

与探索发现
DISCOVERY & EXPLORATION

不是蚂蚁的白蚁

白蚁最喜欢吃木头，是腐木与朽材的分解者。白蚁被称为“蚁”，其实不太准确，因为它们根本不是蚁类，倒与我们日常所见的蟑螂是近亲。

蚂蚁的巢穴大多建在地下，并且挖有隧道和小房间

可怕的嗜血蜘蛛

嗜血蜘蛛为什么喜欢吸食人的血液？
嗜血蜘蛛为什么能准确捕捉雌性蚊子？

蜘蛛结网捕捉猎物

美国著名的动物学家波得教授曾与其助手坎坡斯来到亚马孙河流域茂密的丛林中探索未知的动物。在一条岔路口，两人决定分头行动。两人分开后，仅仅过了四五分钟，坎坡斯便大声呼救。当波得教授赶到坎坡斯身边时，只见他的躯干和四肢被许多粗丝紧紧缠住，看起来非常痛苦。一只巨大的蜘蛛正在吸取坎坡斯的血液。身手敏捷的波得教授见状，马上掏出手枪，将这只巨大的蜘蛛击毙。后来，他们捕捉了四五只这样的蜘蛛，装在瓦罐中，准备带回去进行研究。

在返程途中，他们借住在一个村民家中。这家的小男孩对这些蜘蛛产生了兴趣。夜深人静时，小男孩偷偷打开瓦罐，想看个究竟，没想到

嗜血蜘蛛对人类的血液非常感兴趣

△ 嗜血蜘蛛也捕捉雌性蚊子

却被蛛丝层层裹住。小男孩在惊慌中赶紧向家人大声呼救。但是，等其他人闻声赶来时，却发现小男孩全身的血都已经被蜘蛛吸光了。

后来，又有科学家在东非地区发现了这种嗜血蜘蛛。它们并不是事先编织好一张网等待猎物到来，而是凭借敏锐的视觉和灵敏的嗅觉主动出击。如果不能直接吸食人体血液，它们也会捕食刚吸食过人类血液的雌性蚊子。

嗜血蜘蛛为什么对人类的血液青睐有加呢？

有的科学家从生物学的角度进行分析，认为嗜血蜘蛛之所以青睐人类血液，是因为人类的血液对它们十分重要。由于嗜血蜘蛛很难直接食用固态食物，所以，它们在进食固态食物时，会将一种消化酶注射到食物上，将固态食物转化成为液态，然后再慢慢享用。在这个过程中，它们需要消耗大量的体力和能量，而人类的血液富含营养，能够满足它们的需要。因此，人类的血液便成了它们的首选食物。

嗜血蜘蛛又是如何准确捕捉雌性蚊子的呢？

科学家们认为，蜘蛛是一种具有非凡化学感应能力的动物，它们能够通过灵敏的嗅觉，准确地探测到含有血液的猎物。再加上雌性蚊子在饱吸人类血液后，飞行速度会变慢，所以更容易成为嗜血蜘蛛的猎物。

不过，以上解释都只是科学家们的推测，真正的原因还有待于科学家们进一步探索。

与探索发现
DISCOVERY & EXPLORATION

天生的“近视眼”

蜘蛛视力很差，几乎看不见什么东西。但它们可以灵敏地感觉到蛛网的振动，并由振动准确地判断网上猎物的大小、位置和死活。

长久不死的青蛙和蟾蜍

青蛙和蟾蜍为什么能长久维持生命呢？

岩石中的青蛙和蟾蜍如何获得热量？

蟾蜍

1782年4月，法国巴黎近郊的一位打石工人无意间在地下4米深处的石灰岩层中，发现了4只还有生命体征的蟾蜍。它们并排存活于一块巨大的石头缝中。经科学鉴定，它们已经存活了100多万年。

1946年7月，一位石油地质学家在美洲墨西哥的石油矿床里，发掘出一只冬眠的青蛙。这只青蛙被埋在2000米深的矿层内，被发掘出来的时候皮肤还是柔软的，而且富有光泽。经科学测定，这个矿床是在200多万年前形成的，这只青蛙可能是在矿床形成的时候被埋在矿层内的。因此，这只青蛙在矿层里已经生存了200多万年了。

蟾蜍在草丛中挖洞冬眠

在漫长的时光中，这些蟾蜍和青蛙究竟是怎样维持生命的呢？

有的科学家分析说，可能是这些动物在冬眠的时候地壳发生了变动，它们所在的淤泥变成了岩石。这些岩石虽然看起来很坚固，其实存在着不少微小的缝隙，所以，水分和空气能进入岩石中，它们便可以生存了。

但是，动物要维持生命，是需要一定的热量的，尽管蟾蜍或青蛙在

生存了200多万年的青蛙依然有着柔软而富有光泽的皮肤

冬眠时的热量消耗非常低，但它们自身的热量无论如何也无法维持数千年甚至数万年之久啊！

有的科学家解释说，蟾蜍和青蛙能经过成千上万年仍有生命体征，得益于它们生存在一个永久保持“恒温”的状态下。在这样一个状态下，它们不会受到风、雨、寒、热等天气变化带来的刺激，不进行新陈代谢，不消耗能量，就像把生命储藏起来了一样。

冬眠中的青蛙

还有的科学家认为，蟾蜍和青蛙之所以长久不死，是因为体内有一种甘油在起作用。美国的一位科学家就曾做过这样的试验：他先把几只快要冬眠的青蛙放在-6℃的环境中，一周之后，他给青蛙慢慢地提高温度解冻，并检查青蛙肌肉的成分，结果发现肌肉中多了一种甘油。于是他认为，蟾蜍和青蛙在冬眠时，由于体内形成了一种甘油，所以才长久不死。

对于蟾蜍和青蛙如何长久维持生命的问题，科学家们还没有形成一致的意见，他们将继续研究和讨论下去。

探索与发现 DISCOVERY & EXPLORATION

青蛙的冬眠

青蛙有冬眠的习性。当寒冷的冬季即将来临时，青蛙便用后肢挖掘洞穴，然后潜入洞穴中，用温暖和湿润的土壤包裹身体，开始漫长的冬眠。

有人认为青蛙体内会产生一种甘油，因此长久不死

沼泽山雀惊人的记忆力

沼泽山雀都能记住什么？
沼泽山雀的记忆基础是什么？

动物和人类一样，也有记忆力。动物学家认为，许多动物的记忆都是建立在一定的记忆基础之上的，关键是我们能否找到这个基础。例如，老鼠能通过片断式的记忆走出迷宫；海龟依靠气味、蟹群依靠行星与地磁的位置，能准确无误地按照固定的路线去产卵。

然而，沼泽山雀的记忆基础是什么，这个问题还困扰着科学家们。

沼泽山雀通常身长11.5厘米，头顶黑色，背羽偏褐色，多见于温带的欧洲及东亚，尤其常见于我国东北部、华东、华中及西南等地。它们一般单独或成对地活动于平原、丘陵、山地和林区。它们是消灭林间

沼泽山雀属于鸣禽

与探索发现 DISCOVERY & EXPLORATION

大山雀

大山雀是山雀中最大的品种，分布很广，而且颜色各异，但通常都有黑色的头部，以及带有黑色条纹的鲜黄色腹部。大山雀在洞中筑巢，通常每年孵化两次。

害虫的能手。

在研究沼泽山雀记忆力的问题上，科学家们曾做了一系列的试验：在一座大房子里放置了12根树枝，每根树枝上都钻了一些大小正好容纳一颗大麻籽的小洞，总数为100个，并在每个洞上都塞上一块小布团。沼泽山雀为了从小洞中取走大麻籽，或是在洞中贮藏大麻籽，都必须首先将塞着的布团拿掉。科学家们在房间的地板中央放了一只碗，里面放着数量足够的大麻籽，然后让一只沼泽山雀叼了12颗大麻籽贮藏到这些小洞中。由于这些洞大小不等，而且只能容纳一颗大麻籽，所以沼泽山雀必须将不同的大麻籽藏在不同的洞中。等它把大麻籽藏好后，科学家们又把它关到房外，过了两个半小时才把它放进来，让它寻找被贮藏起来的大麻籽。假设沼泽山雀没有记忆力，那么它寻找贮藏着的大麻籽时将会很盲目。但事实上，沼泽山雀寻找大麻籽的速度非常快，这就说明沼泽山雀有记忆力。它确实已经记住了哪些洞中藏着大麻籽，哪些洞中没有。

山雀是一种体形较小的鸟类

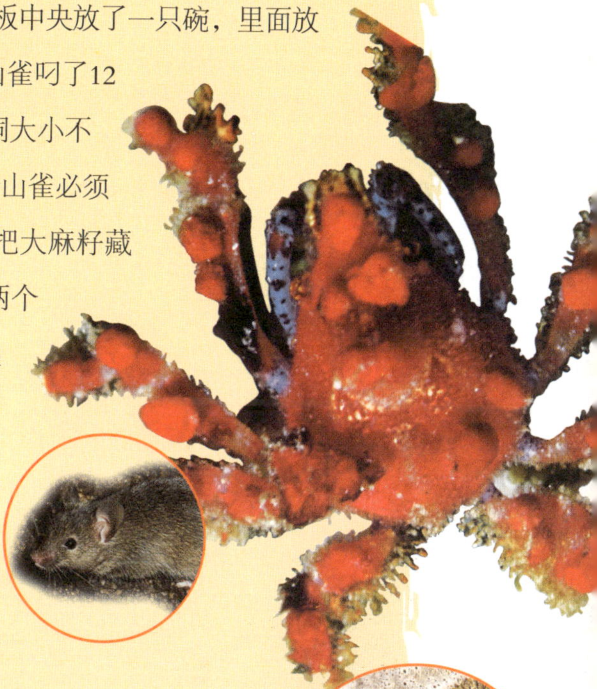

那么，沼泽山雀究竟是靠什么进行记忆的呢？难道也是靠气味，或是行星与地磁的位置？这似乎不可能。它的记忆基础是什么？这个问题还有待于进一步探索。

人们已经找到了海龟、老鼠、蟹的记忆基础

离奇的巨型怪鸟杀人事件

巨型怪鸟是一种存活至今的古代生物吗？
巨型怪鸟吃人吗？

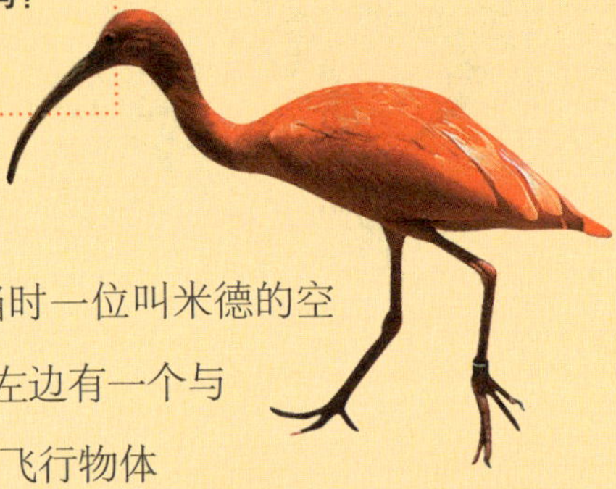

据说，巨型怪鸟全身呈血红色

1965年，驻守在马达加斯加岛上的空军发现了一只巨型怪鸟。据说，当时一位叫米德的空军少尉正操纵着飞机，突然发现飞机的左边有一个与飞机几乎相同大小的飞行物体。当距离飞行物体越来越近的时候，米德少尉不禁吓了一跳，他见到了一只巨型怪鸟！这只怪鸟全身血红，嘴扁平而且很长，颈部以及背部有一层厚厚的肉鳍，尾部则高高翘起。

当米德少尉从惊恐状态中缓过神来的时候，巨型怪鸟已经靠近了飞机的边缘。米德少尉急忙操纵飞机躲避怪鸟，但这只怪鸟却拍拍翅膀追了过来，似乎对这架飞机很感兴趣。它飞行时非常灵活，而且速度非常快。最终，高速飞行的飞机与高速飞行的怪鸟相撞了。飞机顿时支离破碎，坠入大海，怪鸟则惨叫一声，摇摇晃晃地沿海平面飞了一会儿，便又继续保持水平飞行了。由于米德少尉及时打开了逃生装置，因此得以顺利脱险。

据说，巨型怪鸟有着细长而扁平的喙

马达加斯加岛

据说，就在此事发生之前的几个星期，还发生过一起巨鸟伤人事件。马达加斯加岛附近的渔民得尼和艾迪两个人在驾船出海捕鱼的时候，也遇到了一只巨型怪鸟。当时，得尼和艾迪载着收获物，正准备返航。突然，从远处天空中传来一阵长啸声，一只全身血红色的怪鸟飞速向两人冲了过来。这只怪鸟的飞行速度非常快，转眼间便接近了小船。它微微向下斜探，用利爪轻轻一抓，便将得尼抓走了。几天以后，得尼惨不忍睹的尸体出现在海面上，内脏已被啄食。

科学家们纷纷赶到马达加斯加岛进行调查。他们通过所收集到的血红色的羽毛，推断这种怪鸟可能是一种存活至今的古代生物。那么，它究竟是哪种古代生物呢？它是如何生活到现在的？它吃人吗？得尼的内脏是被它吃掉了吗？为什么在与米德少尉相遇的那次事件中，它没有将坠机的米德少尉叼走吃掉呢？这一连串的疑问直到现在还困扰着科学家们，他们将继续进行调查，以了解这种神秘的巨型怪鸟究竟是什么动物。

与探索发现 DISCOVERY & EXPLORATION

世界上最大的鸟

目前人类所知最大的鸟是鸵鸟，它们身高约为2.5米，栖息在空旷的原野上和沙漠中。鸵鸟只会奔跑不会飞，它们的奔跑速度相当快，最高可达70千米/小时。

老鼠为何要“杀子”

老鼠疼爱自己的亲骨肉吗？
老鼠的“杀子”行为与什么因素有关？

科学家们在对老鼠进行长期的观察之后，发现一些雄性老鼠经常残忍地把刚刚生下的幼鼠咬死。起初，他们以为是雄性老鼠身上的雄性荷尔蒙在作怪。但是，后来试验者却发现，当将它们体内的雌性激素去掉后，它们很快便停止了“杀子”行为。于是，专家们又得出结论，认为雄性老鼠“杀子”是其体内的雌性激素在作怪。那么，这些雌性激素为什么会使雄性老鼠做出这样的举动呢？没有人能给出合理的解释。

有人认为，老鼠“杀子”行为与雄性激素或雌性激素无关，并提出了“空间竞争”的假说。他们认为，雄性老鼠往往是在空间狭窄的情况下做出“杀子”行为的，所以，它们那样做极有可能是为了扩大生存空间。可是，雄性老鼠为什么非要将杀害的目标锁定在自己的孩子身上呢？

有人认为老鼠“杀子”是为了扩大生存空间

还有学者提出了“生殖优性”假说，认为老鼠“杀子”是为了孕育培养出更加强健的后代……

老鼠“杀子”行为的真正原因是什么呢？这还需要科学家继续进行研究。

负鼠装死的奥秘

负鼠装死时，为什么大脑活动更活跃？
负鼠装死时体温为什么能急剧下降？

负鼠

负鼠是一种比较原始的哺乳动物，在遇到危险的时候，负鼠最惯用而且也是最有效的伎俩就是装死。它们装死的时候，脸色突然变淡，嘴巴张开，舌头伸出，眼睛紧闭，长尾巴一直卷在上下颌中间，肚皮鼓鼓的，呼吸和心跳终止，身体不停地剧烈抖动，体温下降，表情十分痛苦。有时，它们还会从肛门旁边的臭腺排出一种具有恶臭的黄色液体，使敌人认为它已经腐烂了。

有人认为负鼠并非在装死，而是真的被敌害吓得休克了，但科学家用仪器对装死的负鼠进行测试后，发现它们的大脑细胞一刻也没有停止活动，甚至比平时更为活跃。这说明它们的确是在装死。

经过研究，科学家们发现负鼠在遇到敌害时，体内会迅速分泌出一种麻痹物质，从而躺倒在地，失去知觉。但为什么负鼠麻痹自己后，大脑反而更活跃呢？这个问题有待于科学家们继续进行探索。

地震要来狗先知

发生地震前，狗的举动很反常

狗在地震之前有什么明显的反常举动？
为什么只有地震才会引起狗的反常举动？

地震是一种威力巨大的自然灾害。为了把地震给人类造成的损失降到最低程度，人们一直在为提高地震预测的准确性而努力。然而奇怪的是，一些动物却似乎天生就能敏锐地预知地震的发生。每当地震要来的时候，这些动物的行为就很反常，其中，狗的反常行为最为明显。

唐山地震发生前的半个月，一位老农家养的一只狗就莫名其妙地“发疯”了，它见人就咬。老农只好将它拴在院中。地震发生前，它突然挣脱了束缚，窜到屋里咬了老农一口。结果，就在老农追出去打它时，地震发生了，老农因此而逃过一劫。

日本《三州奇谈》中记载了这样一个故事：一个叫日原喜兵卫的人饲养着一只母狗。有一天晚上，这只狗莫名其妙地狂吠不止，还咬住日原和他妻子的衣服，把他们拖出门外，夫妻俩因此而一夜不能进屋。结果，凌晨的时候，这里发生了地震，日原夫妻安然无恙。

有人认为，狗能预先闻到地震前从地下释放出来的气体的气味

众多动物学家都对狗能预知地震的原因做出了猜想。有人认为，地震前会有一些气体从地下释放出来，因为含量很低，所以人类无法察觉，但狗的嗅觉很灵敏，能够闻到这些气体而预知地震的发生。也有人认为，在地壳开始变形时，岩石与岩石之间的摩擦会产生静电，这种静电会刺激狗的中枢神经，使它们惊恐不安。还有人认为，狗能够听到地震发生之前发生在岩石中的摩擦和破裂所发出的高频声音，因此才会有反常举动。

狗具有灵敏的听觉

这些猜想似乎都有道理，但事实究竟是怎样的，目前还没有定论。另外，为什么地震以外的原因导致的地面震动不会引起狗的异常反应呢？对于这个问题，科学家们目前也无法回答，还需要继续进行研究。

地壳开始变形时产生的静电会刺激狗的中枢神经吗？

探索与发现 DISCOVERY & EXPLORATION

狗的灵敏嗅觉

狗的嗅觉非常灵敏，因此，它们喜欢嗅闻任何东西。尤其是在外出时，它们总是一路走，一路大小便，以后通过嗅自己这些排泄物，便能知道自己曾经来过这个地方。

灰熊的“生物钟”

灰熊为什么能准确把握冬眠的时间？
灰熊的“生物钟”是怎样起作用的？

为了揭开灰熊的冬眠之谜，美国一些科学家曾对黄石公园中的一种野生灰熊进行了跟踪考察。他们在灰熊脖子上套上一个塑胶圈，里面装着微型无线电发报机，以此来了解灰熊的一举一动。

灰熊在为自己准备冬眠的洞穴

为了过冬，灰熊首先要给自己挖一个新的洞穴，然后在里面铺上一些松树枝。之后，它们便懒洋洋地在原野上散步。熊脖子上的塑胶圈里发出的信号告诉科学家们，这时灰熊的新陈代谢速度变慢了。等北风怒吼、大雪纷飞的时候，灰熊就一头钻进洞里，蜷缩着身子，开始冬眠。这时，灰熊的体温下降，心跳和呼吸速度减慢。

准备进洞冬眠的灰熊

有一年冬天，北风呼啸，眼看暴风雪就要来了。科学家们估计灰熊该进洞了，然而灰熊并没有进洞。很显然，灰熊知道冬眠的时间还没有真正到来。果然，过了几天，太阳又出来了，天气又有些转暖了。

过了不久，黄石公园又迎来一场暴风雪。这时，灰熊纷纷钻进自己挖好的洞中，开始冬眠。

灰熊正在休息

冬天到了，灰熊等待进洞冬眠

灰熊是如何准确把握冬眠时间的呢？科学家们认为，灰熊的身上有一种神秘的“生物钟”以及一套察觉地球“脉搏”的本领，包括察觉气温、气压、降雪等。当气温下降、天气变冷的时候，灰熊的“生物钟”第一次被敲响，于是，它们开始懒洋洋地打着呵欠，为自己挖冬眠的洞穴，并做冬眠前的其他一些准备；又过了一段时间，灰熊的“生物钟”第二次被敲响，它们开始独自活动，在山林中漫步，等待进洞冬眠；再过一段时间，当灰熊的“生物钟”第三次被敲响时，它们就钻进洞穴里，开始冬眠。

那么，灰熊究竟是怎样感知地球的“脉搏”的呢？当第一次、第二次“生物钟”敲响之后，它们为什么不马上开始冬眠呢？这还是一个猜不透的谜。

探索与发现
DISCOVERY & EXPLORATION

已灭绝的墨西哥灰熊

墨西哥灰熊曾是墨西哥数量最多的野生动物之一，栖息在树林中。进入20世纪后，由于人类对其生存环境的破坏，以及对它们的捕杀，墨西哥灰熊最终于1964年灭绝。

灰熊最喜爱的食物是鲑鱼

为人类领航的海豚

海豚会为人类领航？
海豚为人类领航是有意识的行为吗？

1871年的一天，帆船“布里尼尔号”由新西兰首都惠灵顿附近的科克海峡驶入伯罗鲁斯海峡时，因天气突变，困于“死亡之峡”整整一天。船员们都已经绝望了。突然，一条银灰色的大海豚游到了帆船前面，与帆船保持着一段距离，不肯离去。然后，它又从惊涛中跃起，并不时地回首翘望，仿佛在对船上的船员们说：“朋友，跟我走吧，我会带你们冲出迷途，摆脱死神的。”绝望的船长像在夜航中看见灯塔一样，立刻下令紧随海豚前进。海豚在水流湍急的航道上七拐八转，灵活地避开了一个个暗礁和险滩，终于把“布里尼尔号”领出了恐怖之地。

从此，这只银灰色的海豚始终徘徊在海峡附近，年复一年地为过往船只领航。只要看见有船来到，它总是跃出水面，摇摇尾鳍表示欢迎，然后绕暗礁，躲湍流，带领船只摆脱危险，顺利通过海峡。船员们亲切地称它为“杰克”。

1892年的一天，一艘名叫“企鹅号”的航船经过这个海峡时，船上一名

与探索发现
DISCOVERY & EXPLORATION

分工合作来捕食

海豚在捕食时是群体进行活动的，一只海豚充当“司机”的角色，其他海豚则是“障碍物”。“司机”海豚会将四周的小鱼赶向“障碍物”海豚所形成的包围圈里。

船员向海中开了几枪，杰克受到了惊吓。从此，它便记住了“企鹅号”，只要看见“企鹅号”驶来，它就远远躲开。最后，由于没有杰克领航，这艘船终于触礁沉没了。

其实，不只是杰克会领航，20世纪时，有船员亲自拍下了海豚为航船领航的珍贵录像。录像中，领航的海豚不是一只，而是一群。它们游在航船前面，要么是一只一只轮流从水中跃起，要么是几只海豚同时高高跃起，使船员们能紧紧跟随它们前进。

海豚为什么会领航呢？有人在查阅相关文献和报刊之后了解到，海豚在伴随船只一起行进的时候，喜欢用身子擦船舷、蹭船底，于是他们认为，海豚领航其实是为了用身体摩擦船舷或船底，从而使自己身体的某些部位感到舒服。也有人推测，海豚喜欢在航船激起的浪花和水流里玩，因此它们才会接近航船，伴随着航船前进。它们这种举动正好起到了为航船领航的作用，其实领航并非它们有意为之。以上两种观点究竟孰是孰非，抑或还有其他的解释，现在还不得而知。看来，要彻底破解海豚为人类领航之谜，科学家们还得进行进一步的调查研究。

在水中嬉戏的海豚

长途寻盐的大象

大象为什么要走很长的路到基通洞中舔食盐分？
大象是怎样知道基通洞中有丰富的盐分的？

在肯尼亚靠近乌干达边界的地方，有个洞穴叫基通洞。大象经常成群结队地光临此洞，像是来“朝圣”一样。

大象们通常是夜里行动。一头年长的象在前面带路，后面的象则紧紧跟着它，小象紧挨在母象身边。它们踏着稳健的脚步径直向瀑布走去，因为穿过瀑布的水帘，后面就是基通洞洞口了。

来到基通洞，大象们按照它们世世代代跟随母亲所熟记的路线“分头行动”。它们完全立直身子，尽力够着洞顶，然后卷起长鼻，用一个长牙刮洞顶。所有洞壁和洞顶都因它们的光临而有了深深的刮痕。

小象紧紧跟着母象

象群在前进

它们究竟是在做什么呢？科学家们通过考察发现，原来这里有极其丰富的盐。大象们用长牙刮洞顶，正是为了舔食上面的盐。

但是，大象为什么要走这么长的路来此洞中舔食盐分呢？大象是怎样知道基通洞中有丰富的盐分的呢？现在还没人能说清楚。

骆驼耐旱的秘密

骆驼为什么能忍受干燥和酷暑?
骆驼耐旱是因为它们有出色的保水能力吗?

骆驼不怕干旱，被称为“沙漠之舟”

沙漠里终日烈日炎炎，覆盖着漫漫黄沙。在这样恶劣的环境中，骆驼却能生活得很自在。骆驼为什么能忍受酷暑和干燥呢?

对于这个问题，最早的解释是“水囊说”。持这种学说的人认为，骆驼是反刍动物，它的胃有三个室，其中最大的一个是瘤胃，里面有许多肌肉带，它们将瘤胃分隔成几个部分，其中一部分能起到水囊蓄水的作用。在水源充足时，水囊便储存一些水，以备口渴时用。然而，其他的一些科学家通过解剖发现，水囊并不能被有效地与瘤胃的其余部分隔开，而且水囊很小，根本起不到储水的作用。他们认为，骆驼耐旱的秘密在于骆驼能在脱水时保持血容量。还有的学者认为，骆驼耐旱要归功于它们出色的保水能力。骆驼很少出汗，体温也不上升。还有人认为，骆驼排尿少，也是其耐旱的原因之一。有的科学家还发现，骆驼能够降低呼气的湿润度，从而节约水分。骆驼在呼吸时丧失的水分比一般动物少45%。

究竟哪种说法正确，目前还没有定论。

骆驼很少出汗

恐龙为何消失

是小行星撞击地球导致恐龙灭绝的吗？
人类能找到导致恐龙灭绝的“凶手”吗？

恐龙的灭绝或许与食物的匮乏有关

恐龙曾经是生活在地球上的一个庞大群体，它们主宰地球达1.6亿年之久，但在6500万年前的白垩纪末期，恐龙却突然从陆地上神秘地消失了。恐龙的灭绝是地球生命史上的一大悬案，古生物学家提出了各种各样的理论来解释恐龙灭绝的原因，目前关于恐龙灭绝原因的学说已有130多种。

在关于恐龙灭绝原因的众多假说里，比较有说服力的是“小行星撞击地球假说”。这种假说认为，造成恐龙灭绝的罪魁祸首是一颗直径为10千米、质量为1.27万亿吨的小行星。当时这颗小行星猛烈地撞击了地球，引起了惊天动地的大爆炸，爆炸产生的大量尘埃被抛上天空，遮天蔽日，使地表温度骤降，植物无法进行光合作用而普遍枯死，大量草食性和肉食性动物先后被饿死或冻死，恐龙更是首当其冲。

恐龙灭绝的情景

还有一种假说认为，白垩纪末期，地球上发生了火山大爆发，这使许多恐龙死于非命。

“食物中毒和匮乏假说”则认为，在白垩纪后期，植物的更替使草食性恐龙在改换食物的过程中，因无法排除新植物中的毒素，积累成患，最终导致中毒而大批死亡。同时，也不排除因食物匮乏而引起恐龙种群自发节育并最终因无后而灭绝的可能。

探索发现
DISCOVERY & EXPLORATION

白垩纪

白垩纪是中生代的最后一个纪。这一时期出现了很多新生的动植物种类。但到了白垩纪末期，在一次重大的灭绝事件中，恐龙及当时大多数生物都从地球上消失了。

“海洋变迁假说”则认为，从白垩纪中期开始，大陆板块的分离和漂移速度都明显加快，这也可能会导致恐龙的灭绝。

“气候变化假说”则认为，侏罗纪湿热的气候和几乎常年不变的温度，为恐龙提供了一个最惬意的生存空间。进入白垩纪以后，地球全球性自然环境变坏，整体气候变冷，气候暖湿的区域逐渐缩小。气温的强烈变化影响到恐龙生活，并有可能改变其性别比例，从而造成恐龙大规模的灭绝。

此外，关于恐龙灭绝原因的假说还有“地磁倒转假说”“蛋壳变厚假说”“太阳耀斑假说”，等等。我们相信，随着现代科学技术的发展，人类终会找到这些问题的答案。

海中奇宝——龙涎香

龙涎香来自哪里?
为什么龙涎香会由臭变香?

与花香不同，龙涎香的香味独特而持久

“龙涎香”是留香最持久的香料，世界上任何一种香料都不能与之相媲美，因此有“龙涎之香与日月共存”的说法。

世界上最早发现龙涎香的国家是中国。汉代时，渔民在海里捞到一些灰白色清香四溢的蜡状漂流物。当地官员将之当作宝物献给皇上。当时，谁也不知道这是什么宝物，就请教宫中的炼丹术士，他们认为这是“龙”睡觉时流出的口水，滴到海水中凝固起来，天长日久便成了“龙涎香”。

随着时代的进步，人们否定了龙涎香是“龙”的口水这一不科学的说法，提出了各种各样的猜想：有的说它是海岛上的鸟粪飘入水中，经过长时间的风化形成的；有的说这是蜂蜡，在海水中经过长时间的浸泡生成的；有的说这是一种特殊的真菌。龙涎香也激起了海洋生物学家的研究兴趣。他们经过不断研究，认为这是一种巨大的海洋动

头大嘴小的抹香鲸最喜欢吃大王乌贼了

抹香鲸

物的肠道分泌物。但至于是什么动物分泌的，至今还未弄清楚。

真正发现龙涎香秘密的是沙特阿拉伯科特拉岛的渔民，他们以捕抹香鲸为生。一次，一位老渔民在剖开的抹香鲸肠道中发现一块龙涎香。当时，渔民们认为这是鲸从海面吞食的，并没有把它当回事。但消息不胫而走，引起海洋生物学家的高度重视。他们立即进行研究，终于解开了龙涎香之谜。原来，大王乌贼和章鱼口中有坚韧的角质颚和舌齿，当抹香鲸吞食这类大型软体动物后，这些动物的颚和舌齿在鲸胃肠内积聚，并刺激肠道分泌出一种特殊的蜡状物，将这些食物的残骸包起来，慢慢便形成了龙涎香。有的抹香鲸会将凝结物呕吐出来，有的会将之从肠道排出体外，仅有少数将龙涎香留在体内。

奇怪的是，刚排入海中的龙涎香不仅不香，还奇臭无比。它必须在海水中漂浮、浸泡几十年，臭味才能消减，香味才会出现；它的颜色也会由最初的浅黑色，渐渐变为灰色、浅灰色，最后成为白色。这又是为什么呢？此谜团还在困扰着人们。

龙涎香诞生在海洋中

探索发现
DISCOVERY & EXPLORATION

龙涎香的香味

龙涎香具有清灵而温雅的动物香气，既有麝香气息，又微带壤香、海藻香、木香、苔香，有着一种特殊的甜气和极其持久的奇异香味。龙涎香的留香时间很长，比麝香长20～30倍，可达数月之久。

植物长生不老之谜

植物的寿命具有什么样的特点？
植物寿命的长短与细胞繁殖有什么关系？

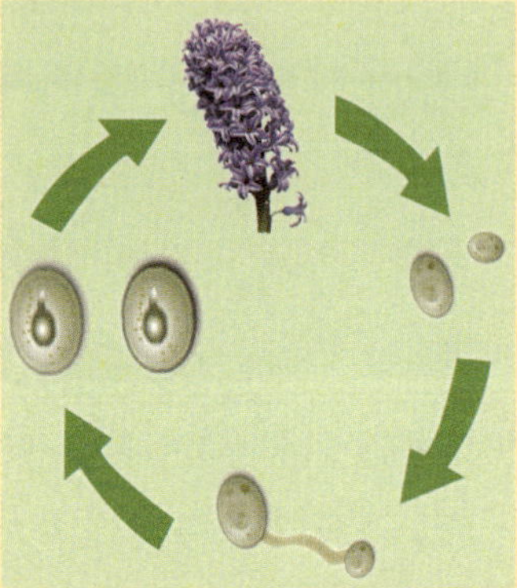
被子植物的生命周期

在世界各地的原始森林里，人们随处可见树龄达数百或数千年的老树，为何植物的寿命远远超过动物或人类的呢？

人类或者动物，只要是相同的物种，都会以大致相同的速度成长：性成熟，产子，随年龄的渐增而衰老，最后以既定的寿命结束一生。但是，植物却能够在一生的各个阶段休眠一阵子。例如：冬天停止代谢，春天再开始生长。从同一株草木上同时掉落地面的多粒种子，有的第二年会发芽，有的会躲在地下休眠数年乃至数十年，有些甚至经过几百年之后才发芽。森林火灾常常把漫山遍野的植物烧成一片惨状，但一到次年春天，烧焦的树干上便可重见稀稀疏疏的新绿。

植物和动物都靠繁衍子孙而使生命延续。动物的繁殖需要精子和卵子的结合，即使是“克隆”，也需要有卵细胞或者胚胎细胞的参与。而植物却可以借助自身细胞（单细胞）来繁殖，它们的细胞能不停地分裂。

1963年，英国的史基瓦德切下一小块胡萝卜，将之放在培养液中。不久，胡萝卜块中有不少细胞游离出来。将这些细胞放到培养基上，细胞开始繁殖，在试管中长成了整

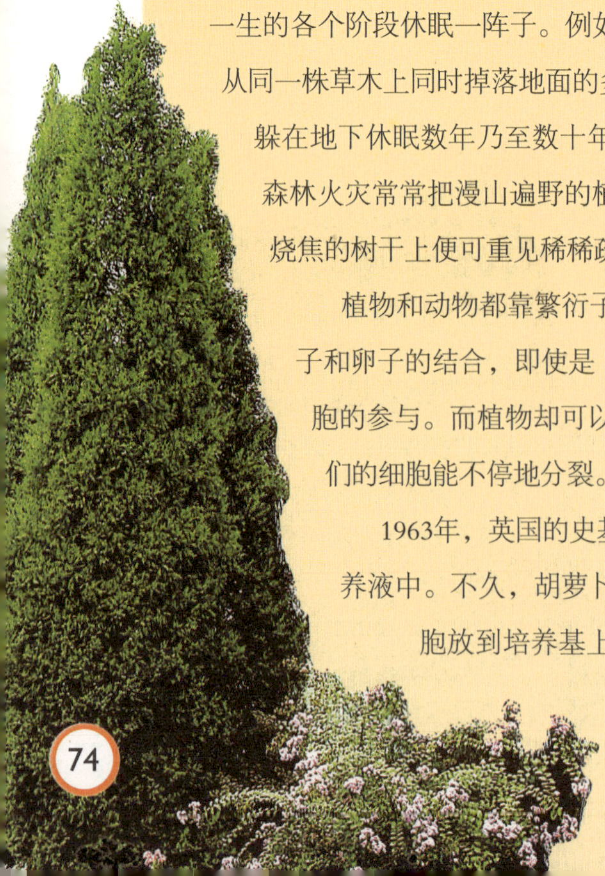
松树是长寿树种之一

通过年轮，我们可以读出树木的寿命

与探索发现
DISCOVERY & EXPLORATION

改变牵牛花的寿命

通常，牵牛花的寿命只有半年。如果让它从萌芽开始就一直生活在照不到光的暗处，那么它的寿命只有几个星期；但如果把它移入温室，到夜晚时让室内保持光亮，那么它将持续生长好几年。

株胡萝卜。史基瓦德的实验证明，构成植物体的每一个细胞都具有再度发展成新个体的能力，而这一点是人或者动物都无法做到的。

另外，包括人类在内的一切动物个体，都具有显示物种特征的特定形貌。植物则没有一定的形貌，同样是落叶松，生长在不同的地方，完全可能是两个模样。即使是生长在同一地方的相同种类的两棵树，形貌也可能完全不同。这说明植物的变异性和适应性都很强。

在植物王国里，年龄超过100岁的树木有很多，例如：苹果树的年龄为100～200年，梨树为300年左右，枣树为400年，榆树为500年，樟树为800年以上，松树为1000年左右，雪松为2000年，银杏为3000年，红桧和水杉能活为4000年，龙血树却能活到8000岁以上。

从生命的起源来看，植物和动物完全是同宗的，但其后代为何会有如此大的差别呢？植物长寿的原因究竟是什么？它们应当给人类什么样的启示？这一切都还是未知数。

寿命极长的美国红杉

植物也有“思维”吗

植物的“思维”体现在哪些方面？
植物有“神经系统”吗？

植物对花开花落的时间也是有选择的

长期以来，人们确实低估了植物的智慧。其实，植物具有计算能力，不仅能够超前处理未来发生的问题，即预见将会出现的麻烦并做出避免麻烦的决定，而且记得在它们身上曾经发生过的一切。例如，植物能预测未来在何处会遭遇竞争或被挡住光线，如果有必要，就采取入侵行动，率先长出枝叶占领有利位置，让整个身体包括根茎结构、叶片数目及大小，在阳光下获得最适宜的位置。

研究还发现，植物有知觉，能感受阳光、声音、震颤、接触以及化学物质，也能对水、温度与地心引力做出反应。植物对上述因素做出反应的结果一般是改变生长模式，这种改变相当复杂，是人们几乎无法想象的。例如，棕榈树有一个长在主根上的杆状茎，它恃此茎在土壤中挺立。但当邻居争夺它的光线或营养供应时，它会在向阳面长出新的主根，整体移到有阳光照射的地方，而处在阴影中的那部分则会死去。有实验证明，相邻

寄生植物具有很强的判断能力

花色可以起警示或吸引的作用

与探索发现
DISCOVERY & EXPLORATION

有趣的植物知觉

植物是有知觉的。在遇到危险的情况下，植物会做出积极而聪明的判断和反应。它们不仅能够把危险信息传递给身边的同伴，还能够向那些友好的动物寻求帮助。

植物能彼此感受到竞争者根须的存在，因而会向另一个方向生长。

最近，美国植物学家利用新的基因知识研究植物，提出它们会发生类似脑力活动的行为。美国布朗大学的植物遗传学家约翰娜·史密特称，这种现象非常令人惊奇，可能是因为植物固定在一个地方，当它们遇到危险或处境不利时，便会采取一些“聪明”的举动。生物学家们解释，他们发现了各种各样的基因，有些可以帮助植物辨别什么时候白昼变长或缩短，有些可以阻止植物在冬季开花，有些可以帮助植物“记起”它们“父母”的经历。当然，植物还会使用它们的颜色和气味来传播花粉或对付饥饿的掠食者。有些植物还能解答数学和逻辑题目，能计算出红光的两种不同色调的比例，从而判断出它们是否受到阴影遮蔽太多而需要长高一点。当根部发现缺水时，一种叫做BYPASS1的基因将对茎发出信号，让茎少长叶子和长小一点的叶子。

既然植物有心理活动，能思考，就应有支配思考的“大脑”及传输信息的“神经系统”。可是迄今为止，有关这方面的研究还处在初级阶段，看来要破解植物“思维”之谜还需时日。

植物“思维”与动物“思维”完全不是一回事

植物也有“感情”吗

植物的“情绪”能控制什么?
植物真的会害怕吗

植物会用轻微的动作表达感情

对植物感情最早进行研究的是一个叫巴科斯特的美国人。1966年，巴科斯特给一株龙血树浇水时，把测谎仪的电极绑到龙血树的叶子上。不料测谎仪很快有了反应，测到的曲线急剧上升，和人激动时测得的曲线一模一样。后来，他改装了一台记录测量仪，将它与植物连接，然后划着一根火柴靠近植物，结果记录仪的指针剧烈地摆动起来，这表明植物感到了“害怕”。接着，巴科斯特又将几只活的海虾丢入放在植物旁边的沸水中，刹那间植物又陷入极度恐慌。后来，巴科斯特又用其他植物重复这一杀生实验，结果植物都表现得很恐慌。

难道说植物真的会“害怕”？有人认为，巴科斯特的实验并不科学，检测仪的指针摆动不过是由于植物体内循环水分的变化引起电流变化而已。但也有人坚持认为植物有感情，水分循环的变化是受它们的“情绪”控制的。究竟谁是谁非，现在还不能下定论。

为了欢迎蝴蝶，花儿会尽情绽放

[第四章]

人类谜团

虽然人类文明已经高度发达，但世界上仍有许多我们无法解释的谜团。火山灰下的庞贝古城、失落的印加帝国、美洲丛林里的大脚怪、奇特的“变色人”、难解的“雪人”之谜……虽然无数科学家、人类学家为此做过不懈的努力和研究，但这些谜团仍无法用科学进行合理的解释，人们对此充满了好奇。读完本章，你将领略到人类自身的种种奥秘。

昨日辉煌米诺斯

米诺斯王宫究竟在什么地方？
到底是谁毁灭了米诺斯文明？

在古希腊神话传说中，曾有一座“米诺斯王宫”。相传，它是戴达鲁斯神为米诺斯王所建，又称“南海迷宫”。米诺斯王宫究竟在什么地方？经过长期的努力探索，英国考古学家伊文思把目光逐渐移到希腊南端的克里特岛上，并在这里发掘出了米诺斯王宫遗址。

克里特岛位于爱琴海南部，是爱琴海上最大的岛屿，也是地中海交通的要冲。约在公元前1800年左右，克里特进入了“旧王宫时期”。在此期间，米诺斯人建造了大型宫殿。公元前1700年左右，一场大地震毁坏了岛上的所有宫殿。后来，米诺斯人重建宫殿，重建后的王宫比之以

前显得更加雄伟壮丽。被伊文思挖掘出来的庞大宫殿正是地震后的修复之作。和传说一样，这座王宫由迂回曲折的廊道和阶梯相连接，结构之复杂令人叫绝。

约公元前1470年，一场神秘的灾难突然降临，克里特岛上的城市几乎同时遭到了毁灭性的打击，米诺斯王宫也被永远地埋在了地下，这个称雄一时的海上霸国从此消失了。到底是什么毁灭了灿烂的米诺斯文明呢?

探索与发现 DISCOVERY & EXPLORATION

迷宫怪兽

相传，米诺斯王宫的地下迷宫中囚禁着一个牛首人身的怪兽。米诺斯国王命令雅典人向米诺斯进贡童男童女，以供怪兽食用。后来，雅典王子忒修斯机智地用魔剑杀死怪兽，解救了雅典人民。

一些考古学家提出，是克里特岛附近的桑托林火山的爆发导致了米诺斯文明的毁灭。火山爆发不仅给克里特岛带来了致命的尘埃雨，而且引发了巨大的海啸，毁坏了海港城市，也摧毁了克里特人统治海洋的利器——船队。另一些考古学家则认为，是人为原因而不是单纯的自然灾害毁灭了米诺斯文明：由于巴尔干半岛上的古希腊人入侵，造成了这个文明的毁灭。从那以后，古希腊人成了克里特岛的主宰，并逐渐与当地原有居民融合，米诺斯文明亦随之结束。

米诺斯文明早已消失在蔚蓝色的地中海中，它所创造的文明奇迹也成了一个永远的谜，吸引着人们不断地探索着。

克里特岛上居民的生活

下落不明的太阳神巨像

巨大的太阳神像是如何竖立起来的？
神像究竟流落何方？

图为希腊众神，其中右四为太阳神

罗德岛是爱琴海上的一个岛屿，因岛上建有古代世界七大奇迹之一的太阳神像而闻名于世。太阳神像建于公元前4世纪，它高达32米，耗费了450吨青铜，单脚指头就有一个人合抱那么粗，中空的两腿内填满了石头。

如此巨大的雕像是如何铸成的？在缺乏起重设备的远古时代，人们又是如何把它竖立起来的呢？这些都是令人难以想象的事。然而更令人迷惑不解的是，在公元前226年的一次大地震中，神像倒塌了。它在原址上躺了近千年，后来就下落不明了。有人认为，是阿拉伯人占领罗德岛后，把它砸成小块，卖给了一个犹太商人。还有人说，太阳神巨像在用船运往意大利的途中，遭遇风浪，从此沉入海底。关于太阳神巨像的种种猜测还在继续，至今仍无定论。

罗德岛

火山灰下的庞贝古城

庞贝古城的居民是被毒气熏死的吗?
杀死居民的真凶是火山灰中的粉尘吗?

当年的庞贝古城

庞贝城是意大利半岛西南角坎佩尼亚地区一座历史悠久的古城，距维苏威火山仅有10千米。公元79年8月24日，维苏威火山突然爆发了。瞬息之间，火山喷出的灰烬遮天蔽日，炙热的岩浆四处横流。庞贝遭遇了毁城之劫，居民几乎全部遇难。但是庞贝城离火山还有一定距离，居民们为什么没有来得及逃走呢?他们究竟是怎么死的呢?

一些科学家分析，火山喷发时，空气被弥漫的火山灰污染，火山灰里所含的硫、磷等有毒元素也随之蔓延，庞贝人很可能就是被这种毒气熏死的。近年来，考古学家发现，庞贝的地层呈现出多层颜色不同的“地带”。他们从较为靠下的“地带”中分离出一些岩浆和火山灰中特有的粉尘物质，并指出这些物质有可能就是杀死庞贝市民的真正“凶手”。真相果真如此吗?人们只有找到更多的证据后，才能做出回答。

维苏威火山

蒂亚瓦纳科古城寻踪

蒂亚瓦纳科古城修建于何地？
是谁修建了蒂亚瓦纳科古城？

太阳门

世代居住在南美大陆的印第安人自古以来就崇拜光辉灿烂的太阳。传说太阳神曾亲自降临安第斯高原，在海拔4000米的喀喀湖畔建造了一座雄伟的城市，这就是历史悠久的南美古城蒂亚瓦纳科。每年春分之时，第一缕太阳光会准确地穿过该城西北角的一座巨石拱门，以示对它的眷顾。因此，这座古城和太阳门就成了当地印第安人的圣地所在。

但古城的真正建造情况没有人能说得清。古城由精心打磨的巨石砌成。石像和浮雕更是精美绝伦，显示出高超的工艺水平。著名的太阳门由重10多吨的整块岩石凿成，门上镌刻着复杂细腻的花纹，美轮美奂。古人是怎样将这样的巨石运上高山的呢？创造这一奇迹的民族从何而来，又到哪里去了呢？由于蒂亚瓦纳科城中没有留下任何文字记载，只有石像上那些难解的花纹，因此只有寄希望于将来的某一天，考古学家能破解这些神秘的花纹，找到解开古城之谜的钥匙了。

印第安人的羽毛头饰和外衣

失落的印加帝国

印加帝国是怎么灭亡的?
印加帝国发生过瘟疫吗?

13世纪，美洲大地在经历过玛雅、阿兹特克的全面辉煌之后，又兴起了一个伟大的帝国——印加帝国。

印加帝国版图空前辽阔，国力异常强盛，尤以高超的冶金术而闻名于世，国库中积聚了数量众多的金银珠宝。因此，印加帝国又被世人称为“黄金帝国”。

富强的印加帝国由于16世纪的一次叛乱而被削弱，西班牙殖民者乘虚而入，美洲文明独立发展的历史就此结束。由于殖民者的烧杀抢掠，印加文化遭到了巨大的破坏。但是印加帝国究竟是如何消亡的呢？有人认为，印加人民自知抵抗不过武器先进的西班牙人，便逃到了不为世人所知的高山之中。也有人认为，当时印加帝国遭遇了突袭全国的恐怖瘟疫，这直接导致了印加帝国的消亡。由于印加人民没有发明文字，印加帝国的消亡更具神秘性。因此，关于印加帝国消亡的原因，至今仍无定论。

印第安人

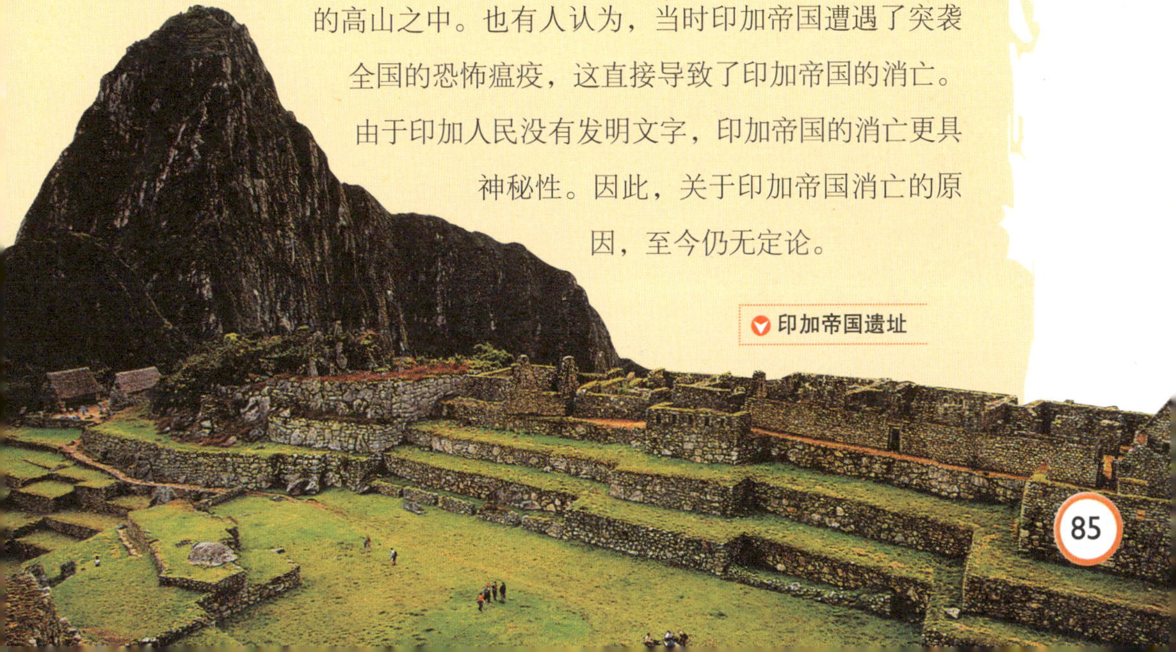

印加帝国遗址

人体内的生物钟

是什么原因使人体内产生了生命节律？
人体内有一种类似钟表的计时装置吗？

人体内有“隐性时钟”吗？

生命科学研究表明：人的情绪和智力以及血压、心跳、脑电波等，都有明显的周期性。那么，是什么原因使人体产生了生命节律呢？难道在生物体内存在着一种类似钟表的计时装置，是它支配着生命有节律的活动？

人体内存在生物钟，关于这一点，科学界早已达成共识。关于这种生命节律究竟是如何产生的，传统的观点有两种：一种是外源说，即外部环境的广泛信息是导致人体产生生命节律的动因；一种是内源说，即人体的固有机能是产生生命节律的根本原因。

有趣的生物钟现象

多少年来，内源说和外源说互不相让，争执不下。于是，关于生命节律的第三种学说便应运而生了，这就是人体与环境相互作用说。持这种观点的学者认为，生命节律是人体自然节律和外界环境相互适应的结果。至于人体的生命节律现象该如何解释，还有待于人们不断探索。

人体也会发光

人体自身为什么能够发出神奇的光芒？
辉光对人体有什么作用？

宗教油画上的小天使总是头顶着光圈飞来飞去，可你知道吗，其实我们每个人的身体表面都有一层肉眼看不见的彩色辉光！只要通过特殊的手段，我们就能亲眼见到自己身体周围的辉光。

随着对人体辉光研究的进一步深入，科学家还发现，人体辉光会变动，人体不同部位的辉光颜色也不一样，而且在人体的精神和身体状况有变动时，辉光的明暗、强弱和大小都会随之发生变化。

好奇的人不禁会问：人体辉光到底是怎么产生的？它对人体有什么作用？科学家们推测说，人体表面的物质可能会与空气中的某些物质发生化学反应，进而产生这种奇异现象。但人体表面的物质究竟是与什么物质发生了反应，我们现在还不得而知。

一些生物体周围有以一定节奏脉动着的彩色光环

美洲丛林里的大脚怪

世界上真的有大脚怪吗？
大脚怪究竟是人是兽？

在美国和加拿大，有关大脚怪的传闻数不胜数。因为它们身材酷似人类，且行动敏捷，被人们发现后总能迅速撤离，只留下一些巨大的脚印，所以人们叫它们“大脚怪”。

与大脚怪有正面接触的人并不少，还有人因此顺利地录到了大脚怪的叫声。科学家经科学分析后发现，这些声波并不属于人类，而应该是某种灵长类动物发出的。还有人弄到了大脚怪的血液和毛发，科学家据此鉴定那是一种与大猩猩类似的灵长类动物。

只可惜至今没有人能捕捉到活的大脚怪，因此关于大脚怪到底是人还是兽，至今依然是未解之谜。

丛林中奔跑的猩猩与大脚怪有着某种亲缘关系吗？

遭遇巨人族

难道世界上现在还有巨人族存在吗?
巨人族究竟移居到了何处?

1966年，人们在印度发现了一具身长4米的骨骸，它被科学家鉴定为是100万年前的大型猿人的骨骸。据推测，这些巨人体重达500多千克，这个数字太惊人了！后来在世界其他国家也先后发现了一些类似的巨人遗骨。看来，巨人曾活跃在世界上的很多地方，关于他们的诸多细节问题就成了人们热切关注的谜团。

20世纪70年代，一些探险家声称在秘鲁遇到了一批红毛驼背的巨人。因为受到巨人的攻击，所以他们没能对之进行具体的观察。难道世界上还有巨人族存在吗?

20世纪90年代，在遥远而寒冷的南极洲，探险家发现了一座巨人城市的废墟。科学家认为，曾经有一个身高近4米的种族于3万年前在这座城市生活过。那么，这里真的生活过一个比人类文明史还要超前的巨人民族吗？如果是这样，他们为什么会放弃城市而迁居到别处去呢？神秘的巨人族究竟移居到了何处？他们是消亡了，还是仍然生活在某个不为人知的角落呢？目前，我们还无法得知这些问题的答案。

冰雪覆盖的南极大陆曾经是巨人族的家园吗?

奇特的“变色人”

“变色人”是怎么回事？
“变色人”的肤色为什么会突然改变？

在我们居住的星球上，不同的人种有着不同的肤色，而肤色是由遗传决定的，不会发生较大的改变。但是也有一些突然改变肤色的人，这些“变色人”非常罕见，也让人迷惑不解。

据说在20世纪80年代初，巴西有个8岁的黑人男孩，名叫曼努力埃尔。他有一次生了重病，连续几天高烧不退。没想到高烧过后，曼努力埃尔竟然变成了白皮肤、金头发的孩子。对此人们都感到特别惊奇，因为他的父母都是黑人，其他亲属也没有一个白种人。

据说在美国也有一个奇特的“变色人”，她是生活在纽约的一个黑人女青年，名叫埃迪。有一次，埃迪因患肺结核住进了医院。在治疗过程中，她的心脏突然停止了跳动。经过医生的全力抢救，埃迪虽然保住了生命，但一直昏迷了三个星期。在昏迷期间，埃迪的皮肤逐渐裂开、剥落，最后露出了一层白嫩的新皮，从此变成了“白种人”。

为什么有些人的肤色会突然改变？到底是什么因素导致了肤色的变化？对于这些疑问，医学家们至今也没找到答案。

人的肤色是由遗传决定的，轻易不会发生改变

世界上不但有变色龙，也有“变色人”

难以置信的瑜伽神功

瑜伽师为什么能控制心脏的跳动？
瑜伽师的神奇本领从何而来？

正在练瑜伽的人

印度的瑜伽术充满了神秘感，更玄妙的是，有的瑜伽师还能控制自己心脏的跳动，这不能不令人瞠目结舌。

一位叫萨蒂雅鲁尔蒂的瑜伽师就当众做过这种表演。他在众目睽睽之下被活埋了8昼夜。在这期间他没有进食，没有脉搏，没有呼吸，心电图也呈现为直线，直到最后一天心电图才恢复成曲线。他“出土”的时候，全身僵硬，过了一段时间才渐渐恢复正常。

科学家们力图用科学知识对此做出合理解释。他们发现在瑜伽师静坐练功的时候，其身体代谢会降低，耗氧量会减少，肌体也能得到充分休息。而在表演心脏停止时，他们或者急剧提高腹压，减少心脏供血，而使其活动减弱；或者是通过猛烈收缩胃部，使相应神经急剧紧张而大大降低心脏活动。可这些方法都只能使瑜伽师在一定程度上控制心脏活动，而他们居然能使心脏完全停止跳动，其原理是现代科学无法解释的。

颜色和气味的神秘作用

为什么不同的颜色会给人不同的感觉？
为什么气味对人体具有奇妙的作用？

绿色生机勃勃，象征着生命

人们对自然界的各种颜色有着不同的解释与认识。人们在见到不同的颜色时，会产生不同的感受。比如，粉红色容易让人平静下来，而浅蓝色和乳黄色会让人感到愉快和清新。在适当的场合使用适当的颜色会起到令人意想不到的效果。

在美国加利福尼亚州的一个监狱里有这样一间特殊的反省室，它的墙壁和天花板都是粉红色的，当烦躁不安的犯人被送到这间反省室后，都会渐渐平静下来，所以这里的犯人滋事的概率比其他监狱低得多。而著名的福特公司就把他们的车间漆成了浅蓝色和

探索与发现
DISCOVERY & EXPLORATION

红色和橙色

红色是热烈、冲动、强有力的色彩，代表着活力、积极、热忱、温暖、前进等意义。橙色是暖色系中最温暖的颜色，象征着富足、快乐和幸福。

乳黄色，这里的工人干起活来都觉得很轻松，因而效率很高。为什么不同的颜色会给人不同的感觉？颜色和人类的身体、情绪之间究竟有怎样的关系？科学家至今没能给出一个合适的解答。

和颜色一样，能影响到人类的还有气味。当一氧化二氮这种被称为“笑气”的气体刚被制成时，人们都被它的奇妙所征服：吸入它的人无不大笑不止，精神处于兴奋状态，而且身体没有痛感。它为什么能达到这样的效果呢？到底是怎样的嗅觉器官结构造成了不同气味对人体不同的影响呢？科学家从物理学、物质化学等多种角度尝试性地提出解释，结果都不能让人信服。

最初，人们是从物质的化学特性来解释的，可是不少父本和母本相同的物质，发出的气味并不相同。于是有人认为气味与分子的空间结构有关，但结果同样令人失望。接着，有人从物理学角度提出了一种“锁扣理论”，认为在动物的嗅觉器官中有形状和大小各不相同的微细小孔，就像钥匙配锁一样，只有一定结构的分子才能进入这些微细小孔内，从而使气味能被嗅知。可令人遗憾的是，这个理论并不能解释气味之谜的其他现象。虽然我们能亲身感受到不同颜色和不同气味对我们的影响，但这其中究竟隐藏着什么奥秘，现在还不得而知。

神奇的舍利子

真的有舍利子吗?
舍利子到底是怎么产生的?

舍利子是佛教高僧圆寂火化后留下的

舍利子是死者火葬后的残余骨烬，它们常出现在佛教高僧圆寂火化后的骨灰中。舍利子到底是怎么产生的呢？它当然不同于我们一般所说的胆结石、肾结石等病理现象，况且，留下舍利子的高僧，多数都是身体健康、寿终正寝的老人。

于是，有人解释是僧人的素食习惯导致了大量纤维和矿物质的积淀，最终形成了某种结晶。可天下食素的人那么多，而食素的僧人也不是每个都会留下舍利子啊？此说行不通。有人认为，经过长期修炼后，得道高僧体内会自然而然地形成舍利子这种神秘物质。现在看来，这确实是一件现代科学暂时无法解答的难题。

佛塔常常被用来供奉高僧留下的舍利子

不可思议的盲人复明现象

盲人为什么会突然重见光明？
盲人复明是否和他们遭受意外刺激有关？

盲人能复明，听起来真不可思议。然而世界各地相继报道的盲人复明事例，让我们不能不承认这个事实。

居住在美国北卡罗莱纳州的萨尔德勒尔，出生14个月时右眼失明，26岁时左眼失明。1983年2月的一天，他去地下室取东西，被狗惊吓摔倒，头重重地碰在台阶的边缘上。当他挣扎着爬起来时，突然能清楚地看到周围的物体了，双目重见光明。

英国的凯文·威利斯3岁时因意外事故刺伤右眼而失明。1983年8月18日，28岁的凯文和妻子带着他的两个儿子在外面玩耍，妻子不小心用胶棒击中了他的头部。奇怪的是，到了第二天，凯文的眼睛复明了。

更令人瞠目结舌的是，拔牙似乎也能使盲眼复明。英国的一位盲人就是在拔牙后重见光明的。对于上述诸多盲人复明的事例，目前还没有科学的解释。如果真有一天人们能够揭开盲人复明的奥秘，并由此研究出新的疗法，那将会给多少盲人带来光明啊。

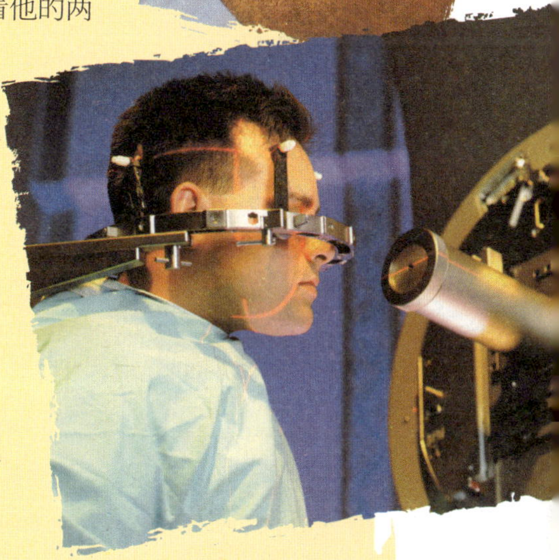

正在进行眼部治疗的人

地球上有蓝色人种吗

为什么会有蓝皮肤的人？
肤色呈蓝色是因为身体有病吗？

人种不同，特点也不同

据称，在非洲、亚洲、美洲，先后有人发现了蓝色皮肤的人，而且他们通常一个种族都是蓝皮肤。在非洲发现的蓝色人种，他们不仅皮肤是蓝色的，连血液也是蓝色的。在美洲发现的蓝色人生活在空气稀薄的高山上，他们不仅行动自如，而且还十分敏捷。这些蓝色人看起来跟其他肤色的人实在没什么两样。

针对他们的特殊肤色，科学家产生了争论。有人认为蓝色人的存在是一种病理状态。他们的血液中具有一种“超高血型蛋白”，正是这种血蛋白使他们的血液成为了蓝色，皮肤也跟着变蓝。而另一些人虽然认可“病理状态说”这一观点，但他们却提出，蓝色人是因为他们的血液里缺少了某种东西而导致了血液的变化。至于缺少什么，也存在争议。有的说是因为高山缺氧，有的说是由于他们的血液中缺铁而富含铜。

现在，虽然人们还没有找到这些人的皮肤和血液呈蓝色的原因，但是大家都认为这是一种病理状态。事实果真如此吗？答案还不得而知。

蓝色人种真的存在吗？

诡异的小人国

小人国真的存在吗？
地球上最矮的人种是什么人种？

在文学作品里，小人国的人们生活在一个幸福的童话王国中。那么，在我们生活的这个地球上有没有这样一个小人国呢？

其实，探险家们已经找到了几个身材矮小的民族，这些人都生活在无人问津的地方，过着一种与世隔绝的原始生活。那里可不是世外桃源，虽然没有战争的威胁，但那里的居民还是面临着灭绝的危险。

非洲的俾格米人就是一群小人国里的居民。他们的平均身高只有1.4米左右，可称得上是地地道道的小矮人。他们过着一种游牧性质的原始生活，采集果实、捕捉野兽，住在树木搭成的小木屋里。由于生存环境十分恶劣，他们的死亡率很高。科学家担心，如果他们再不改变自己的生活方式，可能真的会遭遇灭种之灾。此外，孟加拉湾的一个小岛上也存在着一个小人国，人们的平均身高也是1.4米左右。

科学家推测，这两个民族可能起源于同一人种，他们应该就是地球上最矮的人种。但是，由于他们的生活与世隔绝，人们要对其进行研究十分困难，所以对他们的了解仍然很不充分。

小人国的人的身高和正常的儿童相近

难解的“雪人”之谜

世界上真的有“雪人”吗？
“雪人”究竟是什么？

攀登珠峰

在尼泊尔、阿富汗及苏联都流传着有关“雪人”的传说，据说那是一种生活在人迹罕至的雪山上的介于人与兽之间的一种生物。“雪人”究竟是怎么一回事？世界上真有这样奇异的生物存在吗？

1951年，英国登山运动员杜泰在攀登喜马拉雅山时发现了一行“雪人”脚印。他跟着脚印往下走，突然看到一个“雪人”正盯着他看。待他试图戴上防风眼镜进行观察时，“雪人”却以极快的速度逃走了，只留下一个长着褐色毛发的高大背影。

那么，“雪人”究竟是动物还是人类的旁支？有研究者认为，“雪人”是尼安德特人的后代，他们与智人搏斗失败后，就逃入雪山成了“雪人”。也有人认为，“雪人”是巨猿的后代。但他们不会说话，似乎还徘徊在人类的门槛之外。茫茫雪野，确实有“雪人”存在吗？这真让我们感到新奇。

古老的喜马拉雅山向世人展示着神秘的世界

[第五章]

历史悬案

历史是人类发展历程的记录，但有些历史片段却残缺不全，至今无法盖棺定论。这就给后人留下了一个个难解的谜题。图坦卡蒙死亡之谜、亚历山大大帝是否因病而亡、“埃及艳后”的香消玉殒、查理大帝加冕的内幕、女飞行员神秘失踪之谜、昭君出塞背后的真相……千百年来，这些历史疑云使人们困惑重重。为了揭开这些历史谜团，人们前仆后继地进行研究。你想参与破解其中的秘密吗，那就赶快翻开这一章吧！

图坦卡蒙死亡之谜

法老图坦卡蒙究竟是怎么死的？
谁是谋杀图坦卡蒙的真正凶手？

图坦卡蒙的黄金面具

埃及是块神秘的土地，大约在3300多年前，这里曾经发生过一起皇室谋杀案。世人对图坦卡蒙这位法老的印象大都来自于那个举世闻名的黄金面具，但同时留下悬念的还有他的死亡之谜。

图坦卡蒙大约出生于公元前1341年，9岁登基。在他执政的将近10年间，以宰相阿伊和军队统帅霍朗赫布为首的大臣们以他的名义统治着王国。然而就在图坦卡蒙18岁时，突然死去了。这位年轻国王的意外死亡引发了人们的种种猜测。难道是逐渐成熟起来的图坦卡蒙让那些执政大臣们的权力受到了威胁吗？

1922年，英国考古学家霍华德·卡特发掘了图坦卡蒙的陵墓。1968年，英国考古学家哈里森使用X射线对图坦卡蒙的木乃伊真身进行扫描

图坦卡蒙的葬礼

图坦卡蒙墓室里的黄金座椅

时，发现死者的头骨底部有遭受重击后留下的创口。这暗示着，图坦卡蒙有可能是被人谋杀的。

如果图坦卡蒙真的是被谋杀致死，那么长久以来掌握实权的宰相阿伊和军队统帅霍朗赫布都有充足的犯罪动机。但究竟谁才是真正的凶手呢？在图坦卡蒙的陵墓中，人们发现了一个重要的线索：墓室的南墙上描绘了图坦卡蒙死后一个非常重要的时刻——开嘴仪式，通常主持该仪式的应该是王位继承人，而壁画上描绘的那个为图坦卡蒙举行开嘴仪式的却是宰相阿伊。和皇室没有血缘关系的阿伊本来没有资格成为法老，但他却通过强娶图坦卡蒙的妻子而登上了王位。所以有人认为，他很可能就是真正的谋杀者。

木乃伊棺

但是，由埃及科学家领导的一个研究小组对图坦卡蒙木乃伊拍摄了1700张CT图片。他们宣称，CT检测结果显示，在图坦卡蒙死前几天，他的左大腿可能发生了断裂，碎骨刺穿了皮肤，而这会引起严重的感染。所以，这位少年法老可能是死于左腿骨折后的伤口感染。然而，并不是所有人都认同这种理论。直到现在，关于图坦卡蒙究竟是怎么死的，成了一个解不开的千古谜团。

与探索发现
DISCOVERY & EXPLORATION

图坦卡蒙的葬礼

图坦卡蒙去世时，他的陵墓尚未完工。按照古埃及的宗教教义，法老的葬礼必须在其死后的第70天举行。这使得图坦卡蒙的葬礼在忙乱中草草收场，同时也显得疑云重重。

失踪的古罗马军队

突围成功后的古罗马军队究竟去了哪里？
古罗马军队的后裔至今还生活在中国西北地区吗？

古罗马步兵战士

公元前53年，古罗马“三头同盟”之一的克拉苏发动了对帕提亚(古代中国称之为安息，即今伊朗一带)的战争。在对敌方环境特点一无所知的情况下，克拉苏贸然派遣了7个军团总共4.5万人的兵力前往作战。

在帕提亚重装骑兵的引诱下，罗马军队深入到美索不达米亚平原的西部沙漠地带。由于罗马人既不习惯沙地作战，又不熟悉战场环境，所以不能组织有效的进攻和防御，一仗下来，就有2万多罗马人被杀，1万多人被俘，克拉苏本人也战死沙场。所幸的是，克拉苏之子率领第一军团所剩的6000余人突围成功，但之后他们却如泥牛入海。他们究竟去了哪里呢？

古罗马军团军事长官的铠甲和战剑

20世纪后期，有人在中国的史书上找到了线索。据《汉书·陈汤传》记载：公元前36年，汉军在与北匈奴郅支单于的军队作战时，发现一支善“摆鱼鳞阵研习用兵”、会构筑“重木城”作为防御工事的外国军队很难对付。汉将陈汤率领的部队降服这支军队后，将俘虏士兵收编，让他们协助汉军戍守边

疆。据《汉书·地理志》记载，西汉政府为了方便他们的驻防和生活，特地在祁连山下划出一块地方，设县筑城，这就是骊千古城。善“摆鱼鳞阵研习用兵”、会构筑“重木城”正是古罗马军队的典型特征，《汉书》上记载的这支奇特军队会不会就是那支突出重围的罗马军队？

一些史学家推断，这支外国军队很可能就是克拉苏的残部。他们突出重围后一直在伊朗高原上辗转，后来成为郅支单于的雇佣军。骊千古城位于中国甘肃永昌县西南10千米，在距古城不远的地方至今仍生活着一些长得颇像欧洲人的居民，他们可能就是罗马人的后裔。但也有专家持不同看法，他们认为从事件发生至今已有2000多年，经过多代的血缘变迁，其后代已不太可能保持先人的外貌和体型特征，何况中国西北地区自古就是一个种族混杂的地方，这批居民不一定就是古罗马人的后代。事实果真如此吗？现在还不得而知。

与探索发现
DISCOVERY & EXPLORATION

克拉苏

克拉苏是古罗马共和国末期的一位武将。他头脑灵活、思想新潮，与庞培和恺撒并称为“三头同盟”。但是，由于同帕提亚作战时失败了，克拉苏死后共和国很快就覆灭了。

亚历山大大帝是否因病而亡

亚历山大大帝死于出征的路上吗？
亚历山大大帝是病逝还是被谋杀？

马其顿国王亚历山大大帝用10年时间进行征战，建立了一个横跨欧、亚、非三洲的庞大帝国。可是公元前323年，年仅33岁的亚历山大大帝在准备再一次远征时，却突然逝世了。相传，巫师曾预言他会在不久后死去，之后他果然遇到许多怪事，最终病死军中。但传说并不可信，大多数人认为亚历山大大帝是在行军途中患上了疟疾，并因此而死亡。也有人认为亚历山大大帝的饮食等都有专门的人负责，并且他本人也身强体健，患上疟疾的可能性极小，即使不慎感染，也不可能在这短短的几天时间内就猝死。还有人认为，亚历山大大帝很可能是在宴会上喝了被下了毒的酒而死，他是死于一场阴谋而不是疾病。无论如何，风华正茂的亚历山大大帝的猝死，为人们留下了无尽的叹息和疑团。

亚历山大大帝曾驯服了烈马

亚历山大大帝统治时的马其顿帝国疆域

“埃及艳后”的香消玉殒

“埃及艳后”为何要自杀？
“埃及艳后”是被毒蛇咬死的吗？

“埃及艳后”克里奥帕特拉七世是古埃及托勒密王朝的最后一位统治者。这位美艳的女王曾先后嫁与罗马掌权者恺撒与安东尼。安东尼死后，女王从罗马回到埃及。公元前30年，罗马新的掌权者屋大维率军逼近埃及，俘获了女王。不久后，女王于屋中自杀而死，一代艳后就这样香消玉殒了。

安东尼与女王初次见面时，便被她的美貌迷住了

但克里奥帕特拉七世是以哪种方式自杀的呢？据说，女王让女仆给自己带来藏有毒蛇的无花果篮子，再让毒蛇咬伤自己的手臂，最后因中毒而死。但不少人不同意上述观点，因为据史料记载，当时人们并没有在克里奥帕特拉七世的尸体上发现伤口或刺伤的痕迹，在卧室中也没有发现任何有毒的蛇，于是认为女王死于蛇毒的说法站不住脚。他们认为，女王服毒而死的可能性最大。众口不一的说法令“埃及艳后”之死成了一个解不开的谜团。

美艳的克里奥帕特拉七世

查理大帝加冕的内幕

利奥三世为何要为查理加冕？
查理加冕是被迫的吗？

查理大帝将法兰克王国的版图扩大了44倍

4世纪末，欧洲大陆陷入了动荡的年代，各蛮族纷纷侵入衰落的罗马帝国，法兰克人也乘机于高卢地区建立了法兰克王国。771年，查理成为法兰克王国的统治者。此后，查理先后对外进行了50多次战争，使法兰克王国成为控制西欧大部分地区的大帝国。799年，罗马城中的贵族与当时的教皇利奥三世发生了冲突。教皇写信向查理求助，查理发兵救助，并借机攻占意大利北部的伦巴德王国，控制了意大利半岛的大部分地区。据记载，800年，查理在罗马逗留了几天，教皇利奥三世当着众多骑士与民众的面，为查理加冕，并宣布其为皇帝和罗马教会的保护人。查理成为“罗马人的皇帝”，史称查理大帝。法兰克王国遂称为查理帝国。

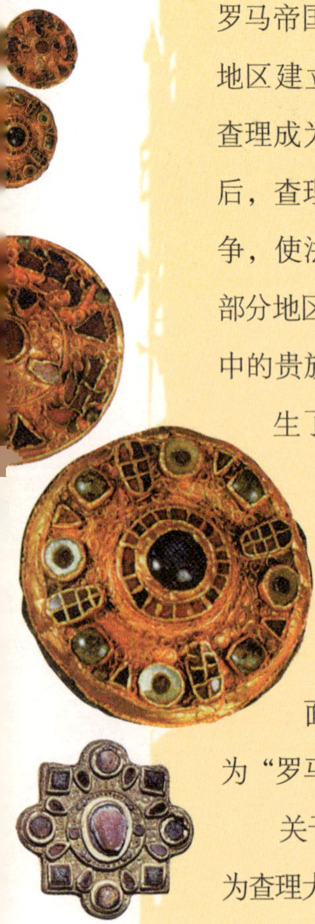

关于查理大帝加冕称帝的问题，历史上存在着不同的说法，有人认为查理大帝根本无意加冕，那只是教皇的一厢情愿。教皇本想用这样的方式给查理大帝一个意外的惊喜，结果却使查理大帝感到无所适从。查理大

教皇利奥三世将一顶金冠戴在了查理的头上

帝的宫中掌管秘书爱因哈德曾记录了查理事后后悔的话："如果知道教皇的想法，我就不会在那天去教堂，尽管那是一个伟大的节日。"

但现代许多西方史学家对查理大帝不愿加冕的说法表示怀疑，他们认为查理大帝拥有至高无上的权力，完全能够控制当时的局势。如果他不愿意，教皇利奥三世决不敢贸然为他加冕。

此外，大多数的学者同意另一种观点：由于查理大帝曾发兵救助过利奥三世，所以利奥三世对他充满感激之情，想尽一切办法报答查理大帝，于是在圣诞节那天，利奥三世就将事先准备好的一顶金冠戴在了查理大帝头上。但查理大帝并不在意这件事。

事实上，不论查理大帝是否愿意罗马教皇为他加冕，他在实质上已经成为古罗马帝国的继承人和基督教世界的保护者。而这次加冕则奠定了教权与王权对欧洲双重统治的基础，开创了中世纪教皇为皇帝加冕的先例。

与探索发现
DISCOVERY & EXPLORATION

欧洲诸国的渊源

查理大帝死后，帝国分裂为法兰西、德意志和意大利三个王国，这就是今天法国、德国、意大利的疆域雏形。这三个国家周围的部分，就形成了今天的瑞士、比利时、荷兰和卢森堡等国。

亚瑟王的故事

亚瑟王的故事是传奇还是历史？
亚瑟王的墓碑是真是假？

反映亚瑟王事迹的绘画作品

在西方国家，亚瑟王和他的圆桌骑士的故事可谓是家喻户晓。据说亚瑟王是古代英国凯尔特人的伟大国王犹瑟的儿子。他执政时对骑士们十分尊重，专门为他们制造了一张巨大的圆桌。每逢商讨军国大事时，国王就和骑士们一起围坐在圆桌边上，彼此之间并没有尊卑贵贱之别。后来，“圆桌会议”就成为西方追求民主、平等的象征。

骑士护胸铠甲

现代的许多学者都把亚瑟王的故事看成传说。不过也有学者认为，亚瑟王虽然被罩上了一层传奇色彩，但历史上可能真有其人。在公元449年左右，盎格鲁·萨克逊人入侵不列颠，该地的原住居民凯尔特人拼死抵抗。公元500年左右，凯尔特人取得了辉煌的胜利，亚瑟王可能就是率领凯尔特人英勇抗敌的一位首领。

12世纪时，在传说中亚瑟王的逝世之地，一位修道院的院长挖到了一块刻着“显赫的亚瑟王长眠于阿瓦朗岛”的墓碑和一男一女两具骸骨，有人认为这就是亚瑟王和他的王后。但也有人认为这只是修道院为吸引游客而伪造的。至于真相究竟如何，现在还不得而知。

揭秘马可·波罗

马可·波罗真的来过中国吗?
《马可·波罗游记》一书是马克·波罗写的吗?

1254年，马可·波罗出身于意大利威尼斯的商人家庭。据说，17岁时马可·波罗就随父亲和叔叔来到中国，并于1295年冬末返回威尼斯。

马可·波罗等人从遥远而神秘的东方带回了种种见闻，这一切很快轰动了威尼斯。由作家鲁思梯谦根据马可·波罗口述写成的《马可·波罗游记》，在当时流传很广。

然而当时就有人对马可·波罗是否到过中国将信将疑，而有人则干脆宣称：马可·波罗根本就没有到过中国。持这一观点的人提出了很多理由，比如马可·波罗自称在元朝担任过官职，但在中国古代浩如烟海的史籍中，没有找到一件可供考证的关于记载马可·波罗的史料。而且，有些具有中国特色的事物在《马可·波罗游记》一书中只字未提，如长城、中医、茶叶、筷子、汉字、印刷术、缠足等，而这些事物在同一时期的波斯商人的游记中就有记载。如此看来，关于马可·波罗是否真的来过中国，还有待于科学家们进一步考证。

绘画作品《马可·波罗出游记》

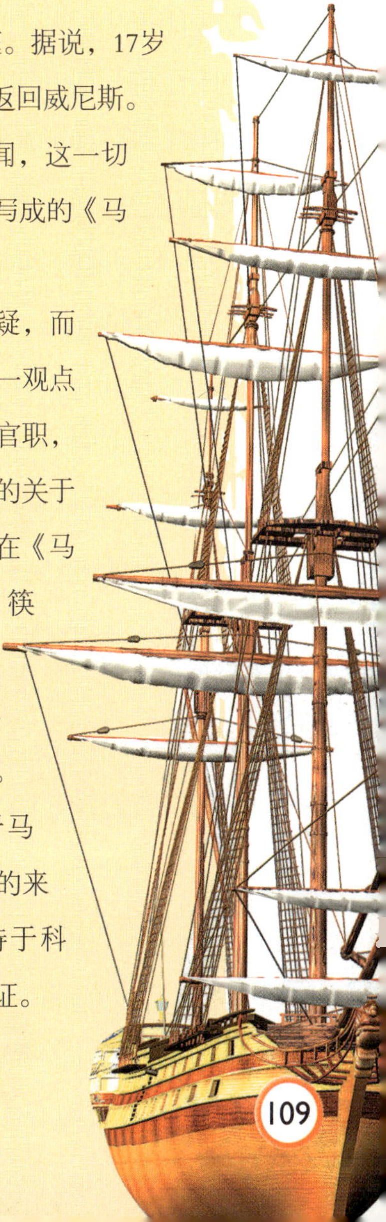

铁面背后的真相

"铁面人"究竟是谁?
"铁面人"是路易十四的生父吗?

电影中的"铁面人"形象

1789年7月14日清晨，成千上万愤怒的巴黎市民呼喊着冲进了象征王权的巴士底狱，解放了关押在那里的所有政治犯。在一个空无一人的囚室的门上，人们发现了一行字，上面写着：囚犯号码64389000，铁面人。关于"铁面人"到底是谁，人们无从考证，因此囚犯的身份成了一个永远的谜。

路易十四时期的凡尔赛宫

法国思想家、哲学家伏尔泰是最早在作品中提到"铁面人"的。在他的名著《路易十四时代》一书中，有这样的记述：1661年，圣玛格丽特岛上的一座城堡迎来了一位特殊的客人，之所以说他特殊，是因为他的头上罩着一个特制的铁皮面罩，无论是在被秘密押解的途中，还是在被囚禁期间，他从没有摘掉过面罩。

1703年，这个在监狱中度过了大半生的神秘人突然死去，他原本鲜为人知的身份也就更加神秘莫测了。伏尔泰在

他的著作中曾经提供了一点线索：这位囚犯身材颀长，风度优雅，似乎是很有身份的人。在巴士底狱，“铁面人”得到的待遇十分特殊，不仅住所舒适，饭菜精美，衣着考究，还能弹奏乐器和定期检查身体。典狱长和前来探望的陆军大臣在与他谈话时都毕恭毕敬地站在一旁，可见其尊贵程度。因此人们猜测，“铁面人”肯定跟王室有关。

一种说法认为，“铁面人”是路易十四的生父。据说，路易十三和王后感情不合，王后爱上了一个贵族并怀上了对方的孩子，而那个孩子就是后来的路易十四。路易十四继位后得知真相，不忍将生父杀害，只得将他终生监禁，并想方设法掩盖他的身份。另一种猜测认为，“铁面人”实际上是路易十四本人，而下令关押他的“路易十四”正是和他长得一模一样的孪生兄弟。因为路易十四荒淫无度，才被正直的大臣们设计掉包。还有一种说法认为，“铁面人”是知道王室丑闻的近卫军中尉多热或法官拉雷尼，但这些说法都没有史料证明。

据说在18世纪，法国国王路易十五、路易十六都曾下令调查过“铁面人”，路易十六还曾明确表示，要严守“铁面人”的秘密。因此，调查结果无人知晓。时至今日，“铁面人”的身份依然是个谜。

路易十四及其家人

与探索发现
DISCOVERY & EXPLORATION

路易十四时代

1661年，23岁的路易十四开始亲自执政，他决心让法国成为欧洲最强大的国家。为此，他励精图治，勤于政事，使法国日渐强盛。他统治法国的时期被称为“路易十四时代”。

惨败滑铁卢的诱因

"战神"因何遭遇滑铁卢惨败?
格鲁希元帅迟迟未到是导致战役失败的原因吗?

战败者拿破仑

1815年春，被放逐到厄尔巴岛的拿破仑回到巴黎，东山再起，很快重新控制了法国政权。得到这一消息后，欧洲各国政府如临大敌，立即组织了第七次反法同盟，希望能在最短的时间内将拿破仑打败。拿破仑也立即重建大军，准备对付反法联军。1815年6月18日，拿破仑和反法同盟在滑铁卢进行决战。滑铁卢是位于比利时南部的一个村庄，易守难攻，英国统帅惠灵顿在那里布兵以待。6月18日中午，拿破仑下令出击。但由于英军占据有利地形，法军一次次被打退。战斗进入胶着状态。黄昏时，英国的援军到了，英军顿时士气大增。而被拿破仑安排前来救援的格鲁希元帅的部队却始终未到。形势急转直下，英军趁势变守为攻，法国战败。法国此战失败的原因引起了史学家和军事评论家的极大兴趣。

有人认为格鲁希元帅是导致法国失败的重要原因。因为当时拿破仑的军队有7.2万人，英军也有7万人，双方实力相当，谁的援军先到，谁将占据优势。因而格鲁希的迟迟未到直接导致了法军的滑铁卢惨败。

有的人则认为法国战败的原因是法军中缺少得力大将。在滑铁卢一

拿破仑退位时的场景

役时，拿破仑的身边缺少能攻善战、与他配合默契的将领：达乌被围困在汉堡，缪拉没能够及时从那不勒斯赶回来，马塞纳正在西班牙征战。拿破仑虽然培养了一批将才，但在关键时刻却未能为自己所用，这无疑是此战失败的关键。

此外，滑铁卢之战中还有一处重要的细节。在会战之前，拿破仑曾命令部将戈洛西在离战场25千米处待命，等战斗打响后见机行事，对敌人来个两面夹攻。不料，戈洛西一班人马始终未听到开战的炮声，结果延误了战机。拿破仑在最需援兵的时刻孤军奋战，以致兵败如山倒。原来，由于声波折射，戈洛西正处在声音的寂静区，因此听不到炮声。这一阴差阳错的事件，也极有可能是滑铁卢战局改变的原因。

至今，人们仍在不遗余力地对滑铁卢战役中的细节进行分析探讨，希望能找到新的证据来解释“战神”拿破仑的这次惨败。

与探索发现
DISCOVERY & EXPLORATION

惠灵顿将军轶事

英国将军惠灵顿曾在战场上吃了败仗，十分沮丧。但他偶然看到一只蜘蛛在风中结网，蛛丝一次次被风吹断，蜘蛛却一次又一次拉丝重结，最终把网结成了。惠灵顿将军深受启发，重整旗鼓，最终打败了拿破仑。

在滑铁卢战役中，双方势均力敌，战斗十分惨烈

拿破仑死因疑窦

拿破仑是被谋杀的吗?
拿破仑的头发中为何会有砒霜成分?

拿破仑

1815年，拿破仑在滑铁卢战役中败北，此后，他被囚禁在圣赫勒拿孤岛上，并于1821年5月5日孤独地死去。当时的尸检结果说，拿破仑是死于胃癌。根据拿破仑生前最后一位医生安托马奇书写的病历，拿破仑死前确实有上腹部剧痛难忍及打嗝呼出的气味非常难闻的症状。这仿佛都说明了这一观点的正确性。但《华盛顿邮报》却称，拿破仑的仆人马尔尚在其日记中写道：拿破仑去世前“经常失眠，腿部肿胀无力，掉头发，偶尔抽搐，总是觉得口渴”。上述症状均与人服食砒霜后的情形类似。后来，人们又对拿破仑的一根头发进行了化验，并从中发现了相当数量的砒霜。这一结果证实了“中毒”的说法。

支持胃癌一说的专家并不否认在拿破仑的头发中发现了砒霜，但他们认为，砒霜可能是拿破仑从环境中“慢慢吸收”的结果。因为当时的墙纸、弹药、火柴和海产品中都含有砒霜成分。两派为此争论不休，真相至今尚无定论。

拿破仑在大西洋圣赫勒拿岛逝世时的情景

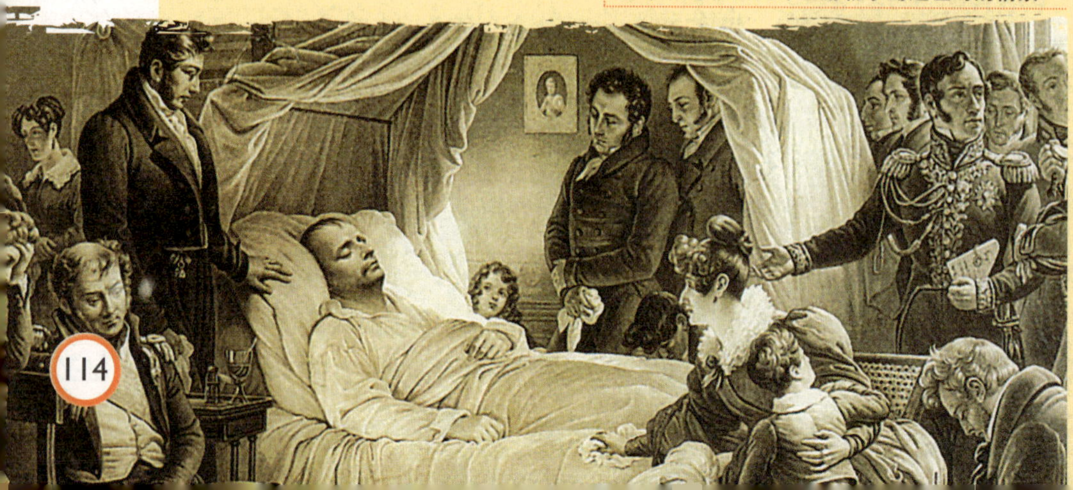

未能获救的沙皇

俄国沙皇因何被囚？

实力强大的营救团体因何会失败？

沙皇尼古拉二世与皇后

20世纪初的俄国是个经济落后、政治反动的军事封建帝国主义国家。处于饥寒交迫中的人民无法忍受沉重的压迫，奋起反抗。1917年3月，首都彼得格勒群众举行罢工和示威。沙皇尼古拉二世得知后，采取了残酷手段进行镇压。群众被激怒了，发起了著名的二月革命。俄国沙皇尼古拉二世的政权被推翻，沙皇本人也于1917年11月7日被新政府逮捕。1918年7月16日，尼古拉二世在牢房内被处死。在从被捕到被处死的大半年时间内，很多人试图营救这位末代沙皇。这些人中包括临时政府的头面人物、顽固的保皇分子，甚至还有个别外国使节，但所有这些人所做的营救计划全都宣告破产。这究竟是为什么呢？有专家认为，营救失败是由于临时政府里秘密营救沙皇的人员屡次营救不力造成的。而临时政府的营救者则指责是英国接应的军舰迟迟不到，才使计划失败。还有专家认为是尼古拉二世本人没有积极配合营救人员的行动，使营救计划一拖再拖，最终导致失败。到底是什么原因使营救计划最终失败了呢？没有人能说清楚。

沙皇尼古拉二世送给皇后的复活节彩蛋

谁击落了“红色男爵”

“红色男爵”是谁？
击落“红色男爵”的是英国人还是澳大利亚人？

德军飞机在空中盘旋

“红色男爵”是指第一次世界大战时德国王牌飞行员——里希特霍芬。1918年4月21日，里希特霍芬率领9架福克飞机巡逻时，同英国飞行员布朗率领的15架飞机相遇，一场血战不可避免地展开。混战中德军飞机被击落了很多架，气急败坏的里希特霍芬紧紧追击一架英军飞机，不知不觉地飞到了英国的领空。随着一声巨响，里希特霍芬的飞机中弹坠毁，机毁人亡。因为在第一次世界大战中，里希特霍芬嗜杀成性，战绩首屈一指，所以德国的敌对国都以能击落他感到骄傲。因此，各国都称是本国军队击落了里希特霍芬。英国皇家空军上尉罗伊·布朗首先宣称自己击落了里希特霍芬，还详细讲述了作战经过，他本人也因此受到英国军方的嘉奖。而当时一同参战的澳大利亚军方却声称，里希特霍芬的飞机是被澳大利亚炮兵击落的，澳军方同样表彰了有功人员。有人为此还出版了《谁击落了“红色男爵”》一书来支持澳大利亚军方的说法。除以上两种说法外，还有众多不同的说法，这令击落里希特霍芬的真相成为一桩悬而未决的公案。

第一次世界大战时的士兵

女飞行员神秘失踪之谜

埃尔哈特是如何失踪的？

埃尔哈特的失踪与日军有关吗？

埃尔哈特会隐居在太平洋的小岛上吗？

美国的女飞行员埃尔哈特被誉为“飞行女神”，她曾多次单独驾机完成任务。1937年，埃尔哈特同探险家哈里·曼宁一同驾机飞越南北美洲和澳大利亚。但在同年7月2日，他们的飞机在南太平洋的塞班岛附近突然神秘地失踪了。他们究竟到哪里去了呢？有些人说，他们早就计划好要飞到一个没人的小岛上去过世外桃源般的生活。还有人说，他们的飞机可能坠落在一艘日本军舰附近，被日军带到日本去了。

当第二次世界大战结束后，美国立刻在东京展开了寻找埃尔哈特的行动。他们发现了一些关于埃尔哈特的资料和照片，这似乎证实了过去的传闻：他们被日军俘虏了。可令人失望的是，美国军队在多次搜索中都没有发现埃尔哈特、哈里·曼宁或是他们的飞机残骸。

埃尔哈特究竟身在何处呢？日本人有没有俘虏埃尔哈特呢？这些问题至今没有答案。

埃尔哈特起飞前留下的照片

斯大林“见死不救”之谜

斯大林为何不救自己的亲生儿子？
斯大林如此冷血是战略的需要吗？

斯大林

1941年6月22日，希特勒下令向苏联全线发动战争突袭。战争开始仅20多天，苏联第14坦克师就像一堆残叶，被战争的狂涛打散。中尉军官雅科夫·朱加什维利——斯大林的儿子，和许多苏军人员一样，成为德军的俘虏。

斯大林在获知这一消息后，对外采取了强硬的态度，使人们认为斯大林决心放弃他的儿子。人们普遍认为冷峻的斯大林是做得出这种事情的，因为斯大林曾经说“苏军没有战俘只有叛徒”。1943年，希特勒企图用雅科夫交换在斯大林格勒被苏联军队俘获的德军元帅保卢斯，但被斯大林拒绝。斯大林让中立国的红十字会转告希特勒：“我不喜欢用一名将军交换一名士兵。”雅科夫听到这样的话以后，其绝望心情是不言而喻的。雅科夫再也无法承受自己战败被俘的羞愧，最终选择结束了自己的生命。

苏联红军

难道斯大林真的如此冷血，连自己的亲生儿子都不救？他这是出于战略需要的考虑吗？人们不得而知。

刺杀甘地的元凶

凶手谋杀甘地的原因是什么？
谋杀背后是否隐藏着更为深刻的阴谋？

甘地领导的“食盐进军”运动

1948年1月30日17点10分，印度国大党领袖甘地在助手的扶持下走向晚祷会场的草坪。就在甘地即将走向平台时，早已潜伏在此的国民公仆团头目纳图拉姆·戈德森突然跑到甘地面前。他先向甘地鞠躬行礼，然后猛然推开甘地的助手，从口袋里掏出手枪，顶住甘地赤裸的胸口连开数枪。这位终身提倡“非暴力”的老人就这样死在狂热分子的枪口之下，结束了他那伟大而不平凡的一生。

对于甘地之死，很多人都感到迷惑不解。1948年1月20日，甘地的寓所被炸后，警方已通过审讯掌握了刺杀甘地的计划，但并没有采取有力的措施保护甘地，这就使得凶手完全能够按照原计划刺杀甘地。另外，当时社会上的一些狂热分子已经叫嚣着要处死甘地，而印度政府中的当权人物几乎都是甘地的信徒，他们为何对这一危险情况视若无睹呢？刺杀背后究竟暗藏着怎样的政治阴谋？没有人能弄清楚事情的真相。

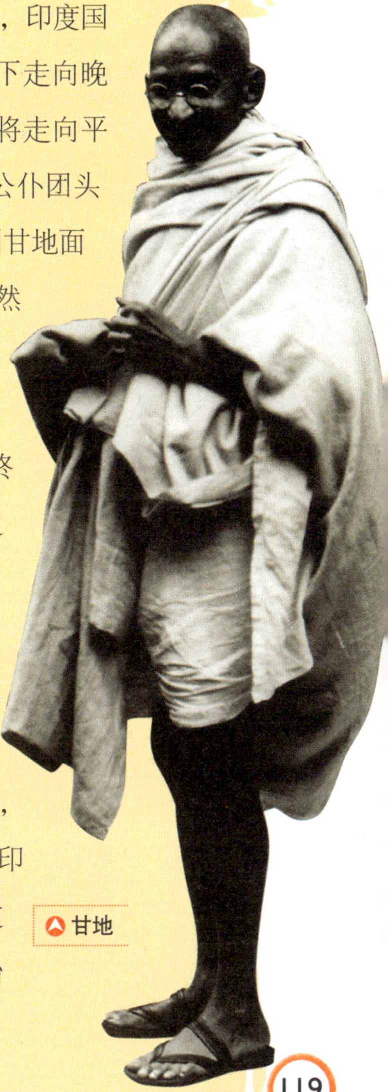

甘地

戴安娜的蹊跷车祸

这起车祸是英国特工奉命“制造”的吗？
究竟是谁杀了戴安娜？

戴安娜死后，英国人民用鲜花祭奠他们所爱戴的王妃

1997年8月30日午夜，“英伦玫瑰”戴安娜王妃和她的情人多迪在一起车祸中双双丧命，这成了当年轰动一时的新闻之一。

事后不久，多方人员对此进行了调查。由于这场车祸实在蹊跷，人们不禁对车祸的原因产生了怀疑。很多人认为这起车祸并非是一次意外事故，而是一桩谋杀事件。

多迪的父亲是埃及的亿万富翁，他坚持认为是英国特工奉命“制造”了这场车祸，因为当时戴安娜正准备与多迪结婚。还有一种说法认为，英国王室为了阻止戴安娜与外族通婚，派遣英、法特工联手合作“制造”了这起车祸，据说当时的司机就是一个法国特工。戴安娜的前男友休伊特也曾指出，英国特工警告过他不要与戴妃来往，否则就会死于非命。而事实上，在戴安娜遇难之后，休伊特也不明不白地死了。

如今英国法院已对戴安娜的死因做出裁定，将这场车祸主要归咎于司机酒后驾车和狗仔队尾随追逐，但是坚信“阴谋论”的人们并不认同这一点，因此这场突如其来的车祸依然显得迷雾重重。

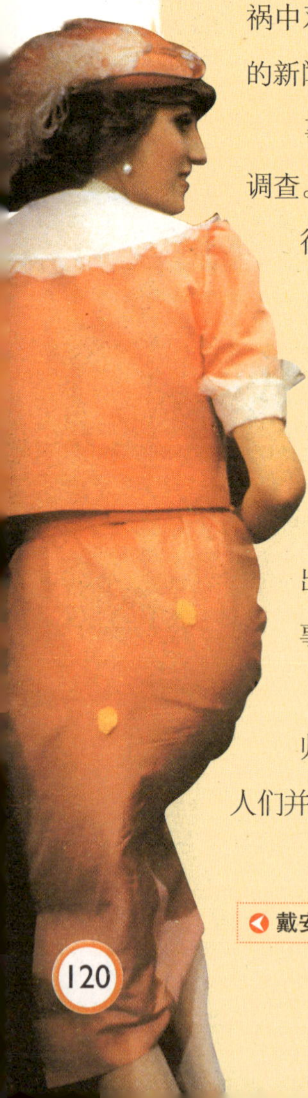

戴安娜王妃

日本天皇因何能逍遥法外

日本天皇是否应对战争承担责任？
是美国在包庇日本天皇吗？

登基时的日本裕仁天皇

在第二次世界大战期间，日本作为三大轴心国之一，为亚洲的许多国家带来了沉重的战争灾难。但是，在墨索里尼、希特勒相继受到惩罚、日本许多战犯都被送上国际军事法庭接受世界的审判时，作为日本最高统治者的天皇却未被治罪。

1945年日本投降后，日本国内部分民众、一些受害国、国际仲裁机构乃至裕仁天皇本人都认为天皇应对战争负起责任。日本国内一些进步群众团体的领袖以及部分深受战争创伤的同盟国呼吁：裕仁作为战争期间的国家元首，是发动战争的元凶，理应作为头号战犯接受国际法庭的审判与惩罚；并再三提出应废除日本天皇制。然而裕仁天皇仍然没有受到任何惩罚。这是为什么呢？有人认为，这是美国在背后操纵的结果，它基于自身的国家利益及全球战略的考虑而给了日本天皇一块“免死牌”。但这也只是一种猜测，事实的真相仍无法判定。

日本裕仁天皇视察军工厂

商纣王真的是暴君吗

历史上真实的商纣王究竟是什么样的？
商纣王的暴行是后人编造的吗？

商纣王

小说《封神演义》大家都不陌生，书中的主要人物商纣王是个人人恨之入骨的暴君。他犯下的种种罪行使他失去民心，并最终被周武王打败。然而，历史真相果真如此吗？

商纣王，名帝辛，是商朝的最后一位君主。“纣王”是后人对他的贬损评价，因为“纣”是“残义损善”之意。史书上记载的纣王的罪行简直是罄竹难书，比如沉溺酒色、奢糜腐化、残忍暴虐、荼毒四海、重用小人等。人们不禁要问，商纣王真有这样残暴么？

近代一位历史学家在研究了商纣王的70多条罪名后，发现他的罪行随着时间的推移越加越多。也就是说，有些罪行很可能是后人编造的。据记载，商纣王曾带领商军一直打到长江下游，降服了大多数东夷部落。中原地区的文化也逐渐传播到这些地区，促进了当地生产力的发展。可以说，这是商纣王的历史贡献。那么，历史上真实的商纣王到底是什么样的呢？这还有待于历史学家做进一步的研究。

河南殷墟博物馆

孔子是否杀了少正卯

史书中有孔子杀少正卯的记载吗？
孔子真的杀了少正卯吗？

孔子像

孔子杀少正卯的事情最早记载在《荀子》中。司马迁著《史记·孔子世家》时，沿用了这种说法。两者的记载基本一致：鲁定公十四年，孔子56岁时，当了鲁国的大司寇。七天后，他就诛杀了鲁国大夫、乱政者少正卯。这种说法影响很大，至今仍有人采用。

但是，也有许多人对孔子杀少正卯之事提出了怀疑，原因有以下两点：一、孔子是主张“仁”的，并且他明确阐述过“仁”的含义是“爱人”。杀少正卯一事，与孔子的一贯思想不相吻合。而且，孔子是反对为政杀人的，怎么会当了七天的司寇就大开杀戒呢？二、如果孔子真的杀了少正卯，这可算是他一生中的大事。《论语》是孔子门人记录孔子及其弟子言行的书，为什么对这件大事只字不提呢？

孔子是否杀过少正卯？由于缺少有力的证据，这个谜至今仍然无法解开。

山东曲阜孔庙大成殿

千古悬疑的秦始皇之死

秦始皇是病死还是被谋杀？
是胡亥杀死了秦始皇吗？

秦始皇

公元前210年，秦始皇死于第五次东巡途中。秦始皇死于何因？史学界有两种截然不同的观点：一说死于疾病，一说死于非命。

持死于疾病说的人认为秦始皇早年患过结核性脑膜炎，后又得了癫痫病。公元前210年秦始皇东巡时，由于长途劳累和紧张引发了癫痫病。犯病时，他的头重重地撞到车内用来消暑的青铜冰鉴上，脑部受到撞伤，导致结核性脑膜炎复发，最后死于沙丘（今河北省内）。

而持死于非命说的人以著名史学家郭沫若为代表。郭沫若认为，秦始皇在巡游途中确实重病复发，但意识很清楚，他写下了传位给长子扶苏的木简遗诏。而赵高却与李斯密谋传位给胡亥。胡亥得知后担心赵高和李斯发生动摇，便将一根铁钉从秦始皇的右耳钉入脑颅，致使其死亡。

这两种观点的对错至今尚无定论。也许到秦始皇陵挖掘之时，我们便可以解开这个千古谜团了。

秦始皇死后，赵高与李斯秘不发表

诸葛亮用过“空城计”吗

诸葛亮真的用过“空城计”吗？
正史中为何没有对诸葛亮用“空城计”的记载？

据《三国演义》所载，诸葛亮二出祁山时，曾被司马懿的15万大军围攻西城。当时，西城中只有2000多位老弱病残的蜀兵，根本无法应战，诸葛亮便下令敞开城门，独自坐在城楼上抚琴，以自信之态吓退了魏国15万大军，这就是有名的“空城计”。但是，近来越来越多的人认为，诸葛亮并没有使用过“空城计”。根据《三国志·蜀书注》记载，诸葛亮二出祁山是在227年，当时司马懿正担任荆、豫二州都督，镇守宛城，与诸葛亮所率领的大军相距千里。因此，司马懿不可能率领大军与诸葛亮对阵。《三国演义》中的“空城计”只是艺术加工。实际上，三国时期使用“空城计”的事例很多，曹操和赵云都曾用过“空城计”，这在正史中有明确的记载。但正史中却始终找不到关于诸葛亮使用“空城计”的例子。这似乎更加佐证了这个推断。关于诸葛亮到底有没有用过“空城计”，直到现在也没有定论。

诸葛亮

诸葛亮真的轻抚古琴便吓退了魏国15万大军吗？

昭君出塞背后的真相

王昭君是自请出塞的吗？

昭君出塞是汉元帝命令的吗？

匈奴王的金冠

西汉时，汉元帝为了团结匈奴、巩固边防，以“和亲”的方式把宫女王昭君嫁给匈奴首领呼韩邪单于为妻，从而稳定了边疆。长期以来，王昭君作为促进汉族和匈奴团结友好的使者而受到人们的赞颂。但是，有一件事人们至今仍疑惑不解：王昭君是自请出塞的，还是不得已而为之呢？

据《后汉书·南匈奴传》记载，王昭君入宫多年，不能为帝宠幸，便想利用这个机会，改变自己的处境，于是便自请出塞。

而一些人却对王昭君自请出塞这一举动表示怀疑，他们认为王昭君出塞是汉元帝的命令，并非出自她个人的意愿，依据是《汉书·元帝纪》和《汉书·匈奴传》中没有关于王昭君自请出塞的记载，只有汉元帝把昭君“赐”给呼韩邪单于的记录。这两部书成书的时间比《后汉书·南匈奴传》早300多年，可信度更高。同时，他们认为王昭君是不会自愿背井离乡，远离父母，到习俗殊异的匈奴去的。这两种说法，各有其道理，到底孰是孰非，还有待于今人进一步考证和研究。

昭君故里

探知真实的花木兰

花木兰真有其人吗？
花木兰姓花吗？

版画《木兰从军》

我国优秀的古代诗歌《木兰诗》描写了木兰代父从军的故事，诗中的主人公花木兰受到历代人们的景仰和传颂。但历史上，是否真有花木兰其人呢？南宋词人程大昌根据唐代诗人白居易“怪得独饶脂粉态，木兰曾作女郎来”和唐代诗人杜牧“弯弓征战作男女，梦里曾经与画眉”的诗句，肯定确有花木兰其人。也有人认为，以上这些诗词只能说明后人喜爱花木兰这个英雄人物形象，因而将“木兰”写入诗中，但不足以证明真有花木兰其人。他们认为《木兰诗》应是当时流传于民间的一个故事，后经许多无名作者的润色及民间艺人的传唱，成为有系统的故事诗，而花木兰则是被典型化了的人物。此外，花木兰的姓氏也是人们争论的话题。有的人经过考证，认为木兰姓魏，有的说姓宋，而多数人认为姓花。究竟历史上有没有花木兰这个人呢？如果有，花木兰到底姓什么呢？这些至今尚无定论。

豫剧中的花木兰

吴三桂降清之谜

吴三桂为何会投敌叛国？
吴三桂真的是“冲冠一怒为红颜”吗？

吴三桂降清后，清军顺利入关

明朝末年时，明军和清军之间连年征战。明朝派大将吴三桂驻守山海关。山海关是军事要地，难以攻破，清军一直希望通过劝降吴三桂来攻入关内，但吴三桂始终拒绝降清。可没多久，吴三桂却突然主动投降清朝，并带领清军入山海关攻打农民起义军，使清军最终大获全胜。吴三桂为何改变初衷，投降敌国呢？人们对此有不同的说法。

部分学者认为，吴三桂之所以投靠清朝，是因为李自成推翻了明朝。1644年，李自成率部攻入北京，明王朝终于崩塌。此时尚在山海关的吴三桂，前有满洲兵虎视眈眈，后有起义军态度不明，他若继续同清军作战，无异于帮自己故主的死敌——李自成的忙，这是吴三桂所不愿意的，因此他便投降了清军。

有的学者却认为，祖大寿等明将的投降才是吴三桂降清的原因。清军领袖皇太极爱惜人才，对明朝有才干的将领总是不遗余力地争取。明将祖大寿便是被他的诚心所感，投降了清朝。明末大将洪承畴刚被俘时曾一心尽节殉国，但最终也

吴三桂的降清至今令人琢磨不清

吴三桂率领手下官兵，投降了清朝

被皇太极的一片诚意所感动，投降了清朝。吴三桂是祖大寿的外甥，同时，他也是与洪承畴并肩作战的同僚，他们的投降对吴三桂的降清有推波助澜的作用。吴三桂在面临前后夹击的情况下做出了背叛已经灭亡的明王朝的选择，与自己先前崇拜的英雄降清有着极大的关系。

但更多的学者却认为，农民军在北京的过激行为才是吴三桂投降的根本原因。明朝覆亡后，农民军将昔日巨富的吴三桂家产全部没收。李自成的副将刘忠敏还将吴三桂的宠姬陈圆圆据为己有。吴三桂得知后勃然大怒，“冲冠一怒为红颜”，立刻下定决心调转马头，投降了清军，借助清军的力量攻打李自成。但不论何种原因，吴三桂降清对中国历史造成了重要影响，这一点是毋庸置疑的。

吴三桂像

与探索发现
DISCOVERY & EXPLORATION

山海关之战

1644年4月13日，李自成向吴三桂劝降不成，便率农民军主力开赴山海关。农民军三面包围山海关。但在三天后，一路农民军被清军击败，吴三桂乘机向清朝投降。22日，多尔衮兵分三路入关，大败农民军。

说法不一的洪秀全之死

洪秀全死于何时？

洪秀全是自杀还是病死？

1864年6月1日，正值太平天国的首都天京（今南京）在清军的围攻下岌岌可危之际，太平天国的首领洪秀全死于城内的天王府。关于洪秀全的死因，史学界存在不同看法。大部分研究者认为洪秀全是“服毒自杀”的，所据史料主要有两条：一是曾国藩曾在奏章中写道：“首逆洪秀全实系本年五月间，官军猛攻时，服毒而死。”另一条是清政府公布的《李秀成自述》记载：“天王斯时焦急，日日烦躁，即以四月二十七日服毒而亡 。”据此，史学界的大部分人认为洪秀全是服毒自杀。但据记载，当时在洪秀全身边的幼天王洪福瑱却说：“本年四月十九日，老天王病死了，二十四日众臣子扶我登极。”此外，20世纪60年代初藏在曾国藩后人家中的《湘乡曾八本堂·李秀成亲供手迹》中，也记述洪秀全为病死。这样，洪秀全究竟是自杀还是病死，便成为了历史悬案。

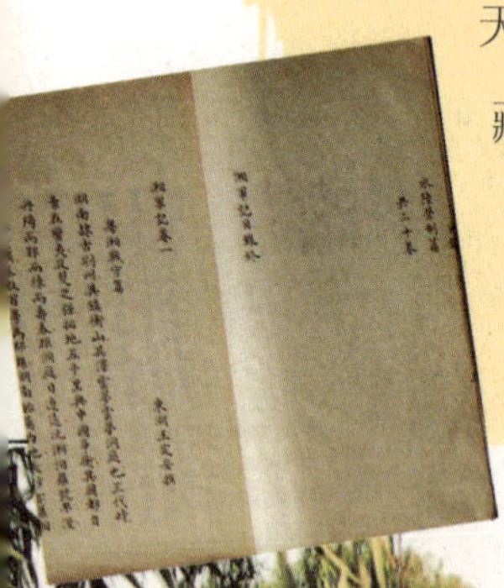

1853年，洪秀全率众占领江苏南京，将之定为都城，改称天京

[第六章]

科技之谜

进入到21世纪，人们更加深刻地认识到了科技的重要性。其实，从古至今，人类对科技的追求从未停止过，也因此留下了无数谜题。令人惊悚的史前核大战、古埃及的玻璃项链之谜、古代“防火衣”之谜、数百年前的“全息照片”、无法破译的“金唇”技术……相信读完本章，你会对神奇的科技产生更强烈的探索热情，赶快来看看吧。

令人惊悚的史前核大战

史前人类已经掌握了核技术吗？
古印度真的发生过大规模的核战吗？

古印度文明博大精深。其中，著名的印度古诗《摩诃婆罗多》便是古印度文明的一颗明珠。《摩诃婆罗多》写成于公元前1500年，据说书中记载的史实比成书时间早了3000多年，就是说书中记载的事情发生在距今约6500多年前。书中记载，在史前时期的恒河上游，费里希尼人和安哈卡人之间曾发生过两次大规模的战争。书中对第一次战争的描述是这样的："……发射了'阿格尼亚'……这种武器发出可怕的灼热，在广大地域内，动物灼毙变形，河水沸腾，鱼虾等全部烫死。"不仅如此，古诗对第二次战争的描述更令人难以置信："……向敌方三个城市发射了一枚飞弹。此飞弹似有整个宇宙的力量，亮度犹如万个太阳，烟火柱升入天空。敌人的尸体被烧得无可辨认，飞翔的

人们在沙漠中曾发现过核战争的遗迹

古印度人真的发明了核武器吗？

鸟类被高温灼焦。”

从古诗的描述来看，这种情景与原子弹爆炸时的情景极为相似。难道在6500多年前，人类就已经掌握了复杂的核技术并将其用于战争了吗？这似乎是天方夜谭。然而，一些考古学家却开始倾向于证实核战争确曾爆发过。1922年，考古学家在印度信德地区的马享佐·达摩发现了一些蛛丝马迹。马享佐·达摩是一座至少有5000年历史的城市，在这座城市的废墟里，人们发现了成排倒地死去的人。这些人用双手盖住脸，好像在保护自己，又仿佛看到了可怕的事。可以肯定的是，这些人都是在突如其来的变故中死去的，这座古城当时一定发生了异常事件。印度考古学家对出土的人骨进行了化学分析后说：“9具白骨中，均发现有高温加热的痕迹。”此外，古城的许多坍塌建筑物上发现了先经高温而熔化、之后又迅速冷却形成的物质。今天，人们只在热核武器爆炸现场发现过这些人为的物质。这些证据似乎在证明这里确实发生过核爆炸。

原子弹爆发时的情景

但从科学的角度分析，当时的人类处于科技落后的原始时期，拥有核武器是不可能的。而且，《摩诃婆罗多》是在古代战争发生后3000多年创作的，记载的内容也可能含有虚构的成分。事实究竟是怎样的呢？我们不得而知。

与探索发现
DISCOVERY & EXPLORATION

《摩诃婆罗多》

《摩诃婆罗多》是古印度文明的代表著作，记载了印度古代的文化与历史，内容包括政治、军事、外交、伦理、哲学等方面，是一部古代印度的百科全书。

古印度无烟炮弹之谜

古印度的无烟炮弹是怎么发明的？
无烟炮弹到底是一种什么样的武器？

古代印度留下了许多未解之谜

据古印度叙事诗《马哈巴拉塔》记载，在古印度有一种神奇的武器——无烟炮弹。这种炮弹的威力非常大，能够在瞬间将坚硬的砖块化为灰烬。

据说，这种炮弹刚发射出去的时候，就像一个火球，能迅速冲向攻击目标。击中目标后，会有万道火光向周围扩散。火光所及之处，无论是多么坚实的城墙、房屋，都会变得不堪一击。由于无烟炮弹在使用时没有烟雾，对方很难辨别炮弹的发射地点，因此隐蔽性能较好。在印度的一些古城遗址上，至今还留有被这种武器袭击过的痕迹。可是，我们知道，无烟火药直到1884年才由法国化学家P.维埃利研发出来，那么古代的印度人是如何掌握无烟火药，又如何用无烟火药制造出这种无烟炮弹的呢？至今，人们还没有解开这些谜团。

无烟炮弹发射时产生的威力能不能与现代炮弹相比呢？

古埃及的玻璃项链之谜

古埃及法老的玻璃项链是怎么制成的？
项链中的玻璃真的来自太空陨石吗？

古埃及人常用绿玉制作饰物，极少用玻璃

英国考古学家曾经在埃及著名法老图坦卡蒙的陵墓中发掘出一条精美的玻璃项链，项链由椭圆形的玻璃碎片串成，那么，这些玻璃来自何处呢？

有些专家认为这种玻璃来自太空陨石。他们推测，曾经有脆弱的陨石进入大气层，与大气层产生摩擦，温度上升到1800℃以上，形成火球。当火球降落在沙漠地带后，依然保持高温的陨石将沙漠中的沙石熔化成液态，冷却后形成自然玻璃。但在当地并没有发现陨石坑，因此有人对这一说法提出质疑。不过，有些专家通过实验发现，当一个直径为130米的物体以每秒124英里的速度移动时，确实能产生足够的热量，熔化沙石，冷却成玻璃，而不一定要陨石冲破大气层使沙石熔化。所以，关于这串玻璃项链到底是怎么形成的，至今仍是未解之谜。

玻璃项链是图坦卡蒙的饰物

玛雅人的“宇航器”

为什么玛雅人石板上的图案与现代宇航器如此相似？
古代玛雅人真的发明了“宇航器”吗？

20世纪50年代，几位考古学家在清理一座古玛雅时期的神殿时，从废墟中发掘出了一块刻满花纹和图案的石板。石板上的图案怪异、离奇，像一个人双手握着把手，正在操控某种特殊的机械装置，石板的四周环绕着一些装饰性的花纹。那么，这个石刻到底表现的是什么？

玛雅人利用天文知识制作的太阳历

随着科学的发展，人类开始征服太空，制造出各式各样的宇航器。当人们再次审视这块石板时，不禁惊讶万分，石板上的图案竟然类似进气口、操纵杆、脚踏板，以及天线、软管等现代宇航器的必备设备。就连美国航天中心参与航天器设计的专家也感到很惊奇，他们异口同声地喊道：“了不起！这是古代的‘宇航器’！”这样看来，石板上的图案很可能表现的是“宇航器”。难道古代玛雅人已经制造出了载人的“宇航器”吗？如果没有，那么石板上的图案又是怎么回事呢？没有人能够回答这些问题。

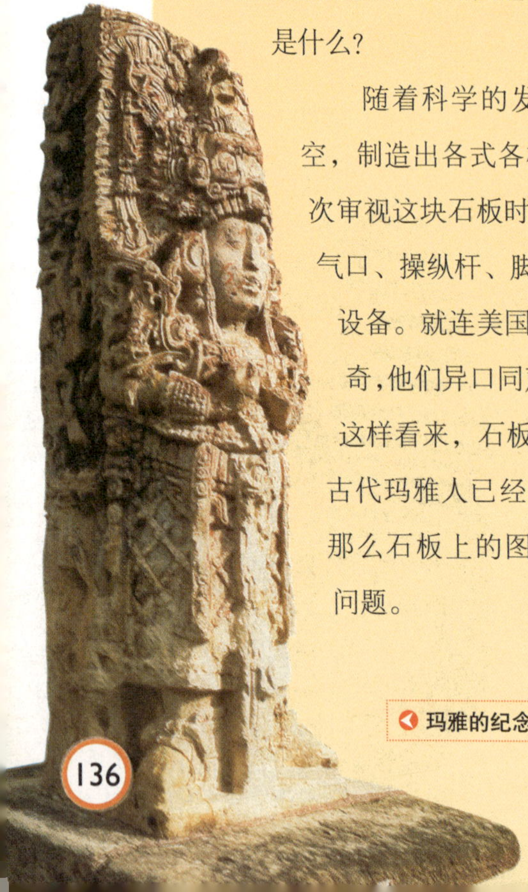

玛雅的纪念碑

古代地图之谜

古人是如何绘制地图的？
古人先进的地理知识从何而来？

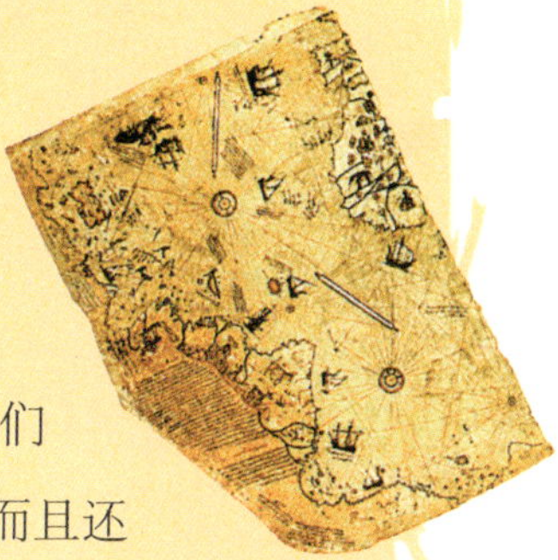

古代地图上南极大陆的轮廓和现代地图上的极为相似

18世纪初，在土耳其伊斯坦布尔的托普卡比宫，人们发现了几张古地图。这些古地图不仅绘制得非常精确，而且还显示了一些迄今为止人类很少考察到的地方。

在这些古代地图中，有一张准确地画出了大西洋西岸大陆的轮廓，北美洲和南美洲的地理位置也准确无误。更令人惊奇的是，这张地图上还清晰地标示着南极洲的轮廓。要知道，现代人在1820年才首次踏上南极大陆。不仅如此，这张古代地图上竟然还显示了南极洲山脉的存在，并在旁边标注了山脉的高度，而现代人直到1952年才在地震波的帮助下探测到冰层下面山脉的高度。科技水平相对低下的古代人是如何获得这些地理知识的呢？另外，这张地图需从空中俯视观察才能绘制出来，而缺乏现代化技术协助的古人是如何做到的呢？人们至今仍找不到答案。

发现古代地图的土耳其王宫

古代水泥圆柱之谜

古代水泥圆柱有什么用处？
是谁在使用这些水泥？

澳大利亚东海岸有一座叫派恩的小岛。从表面上看，这座岛与其他小岛没有两样，可若走进岛里就会发现岛上有四百多个蚁丘似的古冢，它们全由沙石筑成。这些古冢上寸草不生，冢内也找不到任何生物的遗骸。考古学家在其中三个古冢内各发现一根直立的水泥圆柱。这些圆柱的直径大小不等。考古学家用放射性同位素碳检验法进行测定，发现这些圆柱是公元前1095年～公元100年的东西。

我们知道，古代没有水泥和石灰，古人主要用黄泥加淀粉浆打成胶来砌石头，或者用竹木搭建房子。是谁在人类发明水泥之前就已使用了水泥？这些水泥圆柱究竟有什么用处？为什么在附近找不到任何有关人类的遗物？这些谜团至今无人能解。

水泥在城市建设中极为重要

古代没有水泥，古人主要以竹木等材料搭建房子

古代立交桥之谜

古代的立交桥是什么样的？
古代的复道有什么用途？

现代立交桥

我们知道，立交桥是现代交通高速发展的产物，其实，它的雏形可以上溯到我国秦朝。据文献记载，秦汉皇宫楼殿间以阁道通行，因上下有道，故称复道。秦代的复道堪称中国最早的立交桥。而西汉时期修筑的复道长达15千米。那么，复道究竟是一种什么样的道路？为什么要修建复道呢？

有人认为，复道类似于陆上的高架桥，是在两两相对的亭楼之间架起的空中道路。不过，从南北朝起，复道逐渐趋于没落，后人难以还原其本来面目。有人认为，复道有上下两层，皇室贵族走上层的路，有利于保证安全。可是，从文献记载来看，复道凌空而起，与下面的道路方向并不一致，而在行人车马拥杂的地带修筑的复道，显然类似于我们今天的立交桥，起到了便利交通的作用。古代的复道到底起什么作用呢？至今仍有争议。

现代交通高速发展，跨海大桥应运而生

古代“防火衣”之谜

古人真的发明了“防火衣”吗？
1700多年前的“防火衣”是用什么制成的？

古代西域织物

据说，魏齐王当政时西域使节给他送来了大量的贡品，其中一块看似普通的布引起了在场所有人的好奇。西域使节自豪地说那是一块非比寻常的布，接着，西域使节把那块布放在炭炉上烧，只见烈焰升腾，噼啪作响。等火熄灭之后，西域使节再把那块布拿上来，大家发现那块布竟然丝毫无损，这显然是一块防火布。令人不解的是，1700多年前的这块防火布究竟是用什么材料制成的呢？

有人说，在西域的斯调国有一种特殊的树木，用它的树皮纺织成的布可以防火。还有人说，昆仑山区有座火焰山，火焰山上的植物、鸟兽的毛都耐火，用这些植物、毛皮做成的布当然能够抗火了。还有人说，古代这种不怕火烧的布叫做火浣布，就是可以在火中洗涤的布。古人用石棉纤维纺成纱，织成布，然后做成“防火衣”。以上哪一种说法更合理呢？至今我们仍不得而知。

据说，古代的“防火衣”是用昆仑山区火焰山上鸟兽等的毛皮制成的

数百年前的“全息照片”

数百年前的“全息照片”有什么神奇之处？
清代的“全息照片”是怎么拍摄的？

现代激光全息摄影示意图

清人姚元之在《竹叶亭杂记》中，记载了一个有趣的故事。一个姓汪的官员外出时忽遇雷雨，于是停轿避雨。雨停后，他在轿子的窗玻璃上看到一个人影，而且人影一直不散。他觉得奇怪，回家后便将这块玻璃供奉起来了。不久，这块玻璃被打碎了，更奇怪的事发生了：如果对着阳光斜看玻璃，能看到每块玻璃上都有一个仪容端庄、栩栩如生的“仙人”。这很像我们今天利用激光光波干涉拍摄的全息照片。

为什么这块玻璃上会出现这种奇异的图像呢？有人认为，这很可能是磁场和高压电流共同作用的结果，而玻璃充当了底片,记录下了那个“仙人”的样子。有人认为，很有可能是雷电激发了大气的原子，使其发出激光，而激光束正好照射到那位“仙人”身上，获得了他的图像信息，最后又照在玻璃上。还有人认为，很可能因为玻璃受到磁场的干扰，具有了某种特殊的“录像”功能。这些说法让人们莫衷一是。

利用现代激光技术制成的全息照片能够呈现出物体的立体影像

机器人思考之谜

机器人可能实现智能化吗?
如何让机器人像人一样思考?

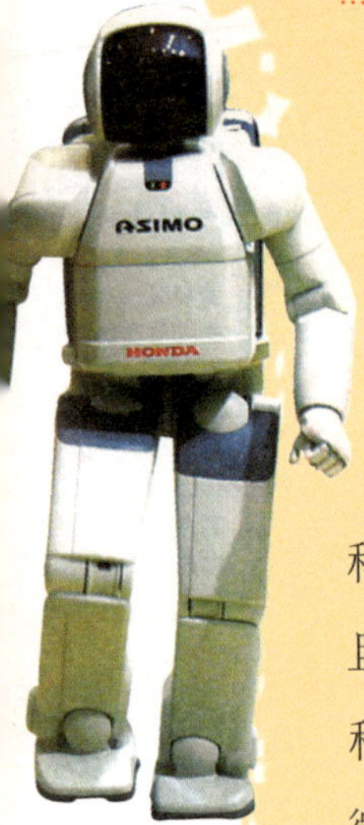

传统的机器人都显得非常笨拙，必须依靠人才能完成相应的工作，因此，让机器人拥有与人类一样的智能一直是科学家们的梦想。

目前，科学界有三种制造智能机器人的方法。第一种是借助生物学中的进化理论，让机器人也拥有进化的力量。主张使用这种方法的科学家认为，必须利用自然选择的力量来获取高品质的智能机器人。而且，与生物相比，机器人的进化可以大大缩短时间。第二种方法由美国科学家博恩提出，他希望可以制造一种名为“脑组织扫描仪”的新型显微照相机，通过对人脑的扫描获得神经图谱，按这个图谱设计出来的机器人就有可能拥有思维能力了。这又称为“大脑逆向工程”。第三种方法是制造“电子人”，科学家完全按照人类的身体构造（尤其是神经系统的结构）来设计机器人，与人类一样，这种机器人的基本单位也是细胞，因而可以像人一样思考。使用这些方法能让机器人拥有像人类那样的智能吗？这就需要科学家进一步研究了。

机器人可能像人一样思考吗?

无法破译的“金唇”技术

“金唇”是如何进入美国大使办公室的？
“金唇”是如何工作的？

“金唇”复原图

1943年，斯大林向苏联情报机构领导人贝利亚下达命令，要求对美国大使的办公室进行窃听。1943年12月17日，贝利亚向斯大林报告说他们已经准备好了针对美国使馆专门设计的窃听设备。这个设备的外表就像是一只蝌蚪，贝利亚称之为“金唇”。

1945年2月9日，美国驻苏大使卡里曼受邀参加了苏联举办的“阿尔台克全苏少先队健身营”开营典礼。在欢快的歌声中，4名苏联少先队员将一枚巨大的木制美国国徽抬到卡里曼大使面前。卡里曼将其放入自己的办公室中。实际上，“金唇”便藏在这枚国徽之中。就这样，自1945年2月起，“金唇”在美国大使的办公室内工作了8年。美国官方发现“金唇”后，对其进行了研究，但他们始终无法破译“金唇”的秘密技术，美国特工和英国特工曾多次试图制作同样的窃听器，但都以失败告终。“金唇”究竟是依照什么原理制作出来的？它是如何传递信号的？恐怕只有“金唇”的制作人才能解答这个问题了。

很多美国高官都不知道“金唇”的存在，也不知道他们的机密已经被窃听了

克隆能对付禽流感吗

为什么说禽流感将成为人类面临的“最重要的威胁”？
科学家将如何利用克隆技术对付禽流感？

在今天，禽流感已经成为威胁人类健康的重大疾病之一。有专家甚至认为，它将是目前人类面临的“最重要的威胁”。

禽流感是由禽流感病毒引起的一种急性传染病，目前在世界上许多国家和地区都有发生，给养禽业造成了巨大的经济损失。禽流感最早发现于1878年，这一年，意大利发生鸡群大量死亡现象，当时称为“鸡瘟”。1955年，科学家证实这种病的致病病毒为甲型流感病毒A（H5N1）。后来，这种疾病被更名为“禽流感”。

禽流感主要在野生鸟类中间传播，还随着鸟类的迁徙而在世界范围内传播，随之家禽也受到禽流感病毒的感染。另外，禽流感偶尔也会感染人，发病时症状与人类流行性感冒相似，但人禽流感症状重、并发症多、病死率高，疫苗接种无效，与普通流感有一定区别。禽流感被发现100多年来，人类并没有掌握特异性的预防和治疗方法，仅能以消毒、隔离、大量宰杀禽畜的方法防止其蔓延。

禽流感主要在鸡类家禽里传播

禽流感最早是在野生鸟类中间传播

最近，英国科学家们提出运用克隆的方法培育具有抵抗禽流感病毒基因的家禽新品种，以此达到全面消除禽流感带来的威胁的目的。目前，爱丁堡罗斯林研究所的研究人员正在努力实现这一设想。

科学家在实验中发现，通过向细胞中添加少量的DNA，就能成功地防止禽流感病毒的感染。罗斯林研究所的项目负责人海伦·桑教授表示，对于目前日趋明显的禽流感病毒的威胁，培育新鸡种是一个长远的解决方案。一旦基因物质移植到新鸡种体内，将测试其抵抗禽流感病毒的能力，最终决定其效果。科学家们相信，4～5年后，具有抵抗禽流感病毒能力的鸡就能大量饲养，逐渐取代目前世界范围内所养的鸡，这样就可以有效地消除禽流感了。

向细胞中添加DNA，可防止禽流感病毒感染

这个目标能否实现，我们就不得而知了。不过，即使这个目标真的能在4～5年内实现，对于目前世界家禽养殖农场所面临的禽流感危机来说，这个时间是不是太长了呢？

与探索发现
DISCOVERY & EXPLORATION

禽流感与人类流感

不少科学家认为，人类流感病毒是由禽流感病毒演变而来的。他们认为，造成人类流感大流行的甲型流感病毒新亚型毒株，是直接或间接由人流感病毒与禽流感病毒基因重组演变而来的。

水珠为何能在水上漂

为什么有些水珠不会溶在水中？
水珠在水上漂的奥秘是什么？

在生活中，我们常常能看到一些水珠在水上漂移。那么，为什么这些水珠不是溶入水中，而是在水面上漂移呢？

法国的一些科学家认为，在水珠和水面之间存在一个空气层，当水珠与水面接触时，有些空气没能及时“跑掉”而留了下来，于是，水珠便停在这层空气上，并没有完全接触到水面。一旦水珠接触到水面，在特定条件下会产生一种振动波，并在附近的水面产生微小波浪。在水面振动波的作用下，水珠会在小波浪间滑来滑去，于是我们便看到了水珠在水上漂移的情形。

但有些科学家认为，用空气层来解释水珠在水上漂的现象有一定的局限性，真正原因到底是什么，仍需进一步研究之后再下结论。

我们常会看到有些水珠在水上漂移

如何利用可燃冰

什么是可燃冰？
为什么开采可燃冰那么难？

可燃冰的开采比石油、天然气的开采困难得多

可燃冰是天然气水合物的俗称，它是天然气（主要是甲烷）和水在一定的温度、压力条件下结合形成的冰状可燃固体。可燃冰广泛存在于海底大陆架和某些冻土层中，是迄今为止海底最具价值的矿产资源。专家分析，如果充分开采，海底的可燃冰足够人类使用1000年，可以大大缓解能源之忧。

可是，天然可燃冰深藏于海底的岩石中，和石油、天然气相比，它的开采面临着许多新问题。有的学者认为，在导致全球气候变暖方面，甲烷所起的作用比二氧化碳要大10～20倍，而可燃冰矿藏哪怕受到最小的破坏，都足以导致甲烷气体大量泄漏。另外，可燃冰开采起来十分困难，一旦出了井喷事故，就会造成海啸、海底滑坡、海水毒化等灾害。可见，短期内人类无法实现用可燃冰来缓解能源危机的设想。至于将来能否实现，仍有待于科学家进一步研究。

海底岩石中蕴藏着丰富的可燃冰

反物质世界之谜

真的存在一个反物质世界吗？
如何证明反物质世界是否存在？

宇宙中究竟有没有“反物质”？“反物质”到底是什么？其实，“反物质”是和物质相对立的一个概念。我们知道，原子是构成化学元素的最小粒子，它由原子核和电子组成。原子的中心就是原子核，原子核由质子和中子组成，电子围绕原子核旋转。质子带正电荷，电子带负电荷。质子质量是电子质量的1840倍，这就形成了强烈的不对称性。因此，20世纪初有一些科学家提出疑问：两者质量相差这么悬殊，会不会存在另外一种粒子，它们的电量相等而极性相反？

每种粒子都有相应的反粒子。图为粒子轨迹

1928 年，英国青年物理学家狄拉克从理论上提出了带正电

探索与发现 DISCOVERY & EXPLORATION

湮灭效应

有些科学家认为，我们所看到的全部河外星系，原本是团庞大而又稀薄的气体云。当气体云在万有引力的作用下收缩时，粒子和反粒子的接触机会增多，从而产生了湮灭效应，并释放出巨大能量。

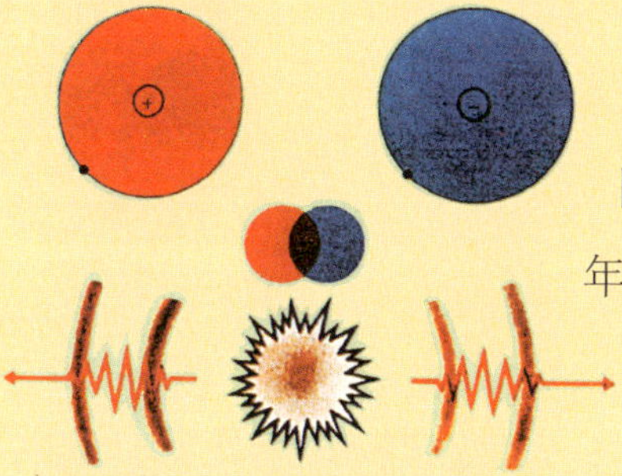

物质和反物质如果相遇便会湮灭，释放出能量

荷“电子”存在的可能性。这种粒子，除电荷与电子相反外，其他都一样。1932年，美国物理学家安德逊经过实验，证实了狄拉克的理论。他把一束γ射线变成了一对粒子，其中一个是电子，而另一个是与电子质量相同的粒子，带的是正电荷。1979年，美国新墨西哥州立大学的科学家把一个有60层楼高的巨大氦气球，放到离地面35千米的高空。它飞行了8个小时，捕获了28个反质子。从此，人们知道了每种粒子都有相应的反粒子。

人们根据反粒子，自然联想到反原子的存在。一个质子和一个带负电荷的电子结合，便形成了原子，那么一个反质子和一个带正电荷的电子结合，不就形成了一个反原子吗？如此类推下去，最后岂不就形成一个反物质世界了吗？理论上，这是成立的。但科学家经研究发现，粒子和反粒子一旦相遇，就会“同归于尽”，转化成高能量的γ光子辐射。宇宙中有没有反物质存在？如果有，怎样才能找到它们呢？这些仍有待于科学家进一步研究。

宇宙中有没有反物质世界呢？

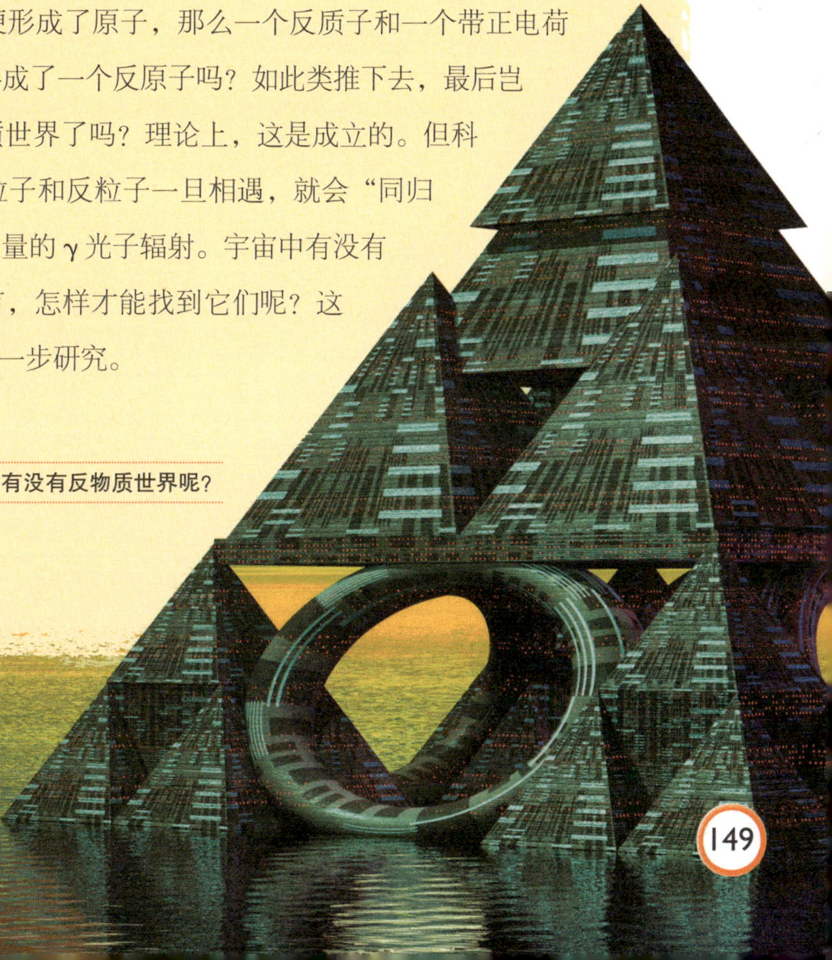

第五种力存在吗

宇宙中有哪些作用力？
如何证明第五种力是否存在？

万有引力、电磁力、弱力和强力是宇宙中存在的四种相互作用力。这四种力在宇宙间是最基本的，没有这四种力的作用，就不存在物质，不存在恒星和行星，也不存在人类。那么，是否存在第五种力呢？

20世纪80年代中期，美国物理学家费希巴赫领导的一个研究小组发现，不同质量的物体在真空中并不具有相同的加速度，这说明物体下落时除了受重力作用外，还受到一种鲜为人知的新力即第五种力的作用。它是一种斥力，源于物体所带的“超电荷”，起作用的距离从几英尺到几千英尺。这一发现在当时轰动了全世界。

但是，目前第五种力基本上只是一种假说。有些科学家声称，他们在实验中根本没有发现存在新力的证据。还有科学家认为，对是否存在新力的证明极其复杂，实验中很难照顾到方方面面的因素，很难完全排除各种外部干扰，因而也就无法证明是否有第五种力存在。

物体下落时，有没有受到第五种力的作用呢？

人类如何驯服“天火”

太阳上为什么会不断进行热核反应并产生“天火”？
人工热核反应能为人类驯服“天火”提供借鉴吗？

如何利用人工热核反应时产生的巨大能量？

在古希腊神话中，勇敢的普罗米修斯盗取了“天火”，从此人间才有了火。但是，科学告诉我们，真正的“天火”并不是普通的火，而是太阳上不断进行的热核反应所产生的“火”。

我们知道，热核反应产生的能量远远高于我们通常所用的来自其他燃料的能量。因而，合理而有效地利用“天火”将会造福人类。但是，驯服“天火”又是一件极不容易的事情。

科学家一直试图通过人工热核反应——原子能爆炸来探寻驯服“天火”的办法。一个小小的原子核里蕴藏着巨大的能量，只有通过核反应才能把原子核里的能量释放出来。可是，原子弹爆炸时产生的巨大能量一眨眼就释放得一干二净了，无法得到有效的利用。现在，世界各国的科学家为了解决这个问题，已经建造了几百台热核反应试验装置。相信在不久的将来，科学家们一定会找到解决的办法，从而为驯服“天火”提供借鉴。

生活中，核能有重要的利用价值，例如可作为火箭与卫星的动力

图书在版编目 (CIP) 数据

你不可不知的世界之谜 / 龚勋主编. —汕头：汕头大学出版社，2018.1（2025.4重印）
（少年探索发现系列）
ISBN 978-7-5658-3254-3

Ⅰ. ①你… Ⅱ. ①龚… Ⅲ. ①科学知识—少年读物 Ⅳ. ①Z228.1

中国版本图书馆CIP数据核字（2017）第309818号

▷少▷年▷探▷索▷发▷现▷系▷列▷

EXPLORATION READING FOR STUDENTS

你不可不知的 世界之谜

NI BUKE BUZHI DE SHIJIE ZHI MI

总 策 划	邢 涛
主　　编	龚 勋
责任编辑	汪艳蕾
责任技编	黄东生
出版发行	汕头大学出版社 广东省汕头市大学路243号 汕头大学校园内
邮政编码	515063
电　　话	0754-82904613
印　　刷	水印书香（唐山）印刷有限公司
开　　本	720mm × 1000mm 1/16
印　　张	10
字　　数	150千字
版　　次	2018年1月第1版
印　　次	2025年4月第9次印刷
定　　价	19.80元
书　　号	ISBN 978-7-5658-3254-3